致力于中国人的教育改革与文化重建

立品图书·自觉·觉他
www.tobebooks.net
出品

《四书遇》导读

张岱讲《大学》

[明]张岱 著
傅于天 译

中国文联出版社
http://www.clapnet.cn

图书在版编目（CIP）数据

四书遇导读.张岱讲大学/（明）张岱著；傅于天译.— 北京：中国文联出版社，2019.3
ISBN 978-7-5190-4026-0

Ⅰ．①四… Ⅱ．①张… ②傅… Ⅲ．①儒家②四书—研究 Ⅳ．① B222.15

中国版本图书馆 CIP 数据核字（2019）第 013650 号

《四书遇》导读·张岱讲《大学》

作　　者：（明）张岱 著　傅于天 译		
终 审 人：奚耀华		复审人：胡　笋
责任编辑：蒋爱民		责任校对：青　元
封面设计：尚上文化		责任印制：陈　晨

出版发行：中国文联出版社
地　　址：北京市朝阳区农展馆南里 10 号，100125
电　　话：010-85923066（咨询）85923000（编务）85923020（邮购）
传　　真：010-85923000（总编室）010-85923020（发行部）
地　　址：http://www.clapnet.cn　　http://www.claplus.cn
E - mail：clap@clapnet.cn　　jiangam@clapnet.cn

印　　刷：北京华创印务有限公司
装　　订：北京华创印务有限公司
法律顾问：北京市德鸿律师事务所王振勇律师
本书如有破损、缺页、装订错误，请与本社联系调换

开　本：787×1092	1/32
字　数：82 千字	印张：4.25
版　次：2019 年 3 月第 1 版	印次：2019 年 3 月第 1 次印刷
书　号：ISBN 978-7-5190-4026-0	
定　价：38.00 元	

版权所有　　翻印必究

《四书遇》朋友圈

张岱

人称"小品圣手""明朝第一才子",精茶艺,好山水,晓音乐,通戏曲,爱排场,爱热闹,爱诗爱茶爱酒,唯独不爱做官,入山著书,眼观六路,下笔如飞,文字丰神绰约,富有诗意。

陈继儒

明代文学家、书画家,字仲醇,号眉公、麋公上海松江人。二十九岁后隐居山林,屡奉诏征用,皆以疾辞。著有《陈眉公全集》《小窗幽记》等。与张岱祖父张汝霖交好。

崔子钟

明代学者,名崔铣,字子钟,又字仲凫,号后渠,又号洹野,世称后渠先生,河南安阳人。弘治十八年进士,历任詹事府少詹事、南京礼部右侍郎等,卒谥文敏。著有《洹词》和《彰德府志》等。

查继佐

明末著名史学家,初名继佑,初字三秀,更字友三,号伊璜,又号与斋,别号东山钓史、钓玉,浙江海宁人。著有《罪惟录》《国寿录》等。康熙元年因"《明史》案"牵连入狱,后获救。

陈栎

宋末元初学者,字寿翁、徽之,晚号东阜老人,安徽休宁人。南宋灭亡后,隐居著书。元代延祐年间,被官方强迫参加科举,中举后被授予礼部官职,但始终坚持不赴任。

邓文洁

明代理学家、教育家,名以赞,字汝德,号定宇,谥文洁,南昌新建人。隆庆五年进士,与张岱曾祖张元忭交好并与之从游于王阳明大弟子王畿,传阳明之学。有《定宇先生文集》《定宇制义》等作品传世。

方应祥

字孟旋，号青峒，浙江衢县人，明万历四十四年进士。历任任南京兵部职方司主事、山东布政司参政等。学识渊博，未满三十岁即开始授徒讲学，著有《四书讲义》《青来阁文集》等。

冯厚斋

名椅，字仪之，一字奇之，号厚斋，江西都昌人，南宋理学家、教育家。受业于朱熹，绍熙四年进士。著述有《易、诗、书、孟、太极图西铭辑说》《孔门弟子传》等二百余卷。

黄榦

南宋理学家，字直卿，号勉斋，卒谥文肃，福建福州人。黄榦从学于朱熹，后又成为朱熹女婿，深受朱熹器重，并将他视为道统继承人。其编著的《朱子行状》为后人研究朱熹生平提供了可靠依据。

冯尔赓

名元飏，字尔赓，号留仙，浙江慈溪人。明崇祯元年进士，历任天津巡抚、右佥都御史等，为抗清志士。与其弟冯元飚并称"二冯"。

葛屺瞻

名寅亮，字冰鉴，号屺瞻，浙江杭州人。明万历二十九年进士，历任南京尚宝司卿等。其编著的《金陵梵刹志》一书，是明代佛教史研究的重要资料。

黄洪宪

明代官员、学者，字懋中，号葵阳，浙江嘉兴人。隆庆元年浙江乡试第一，隆庆五年进士。历任翰林院编修、少詹事等。曾参与编修《大明会典》，也曾奉旨出使朝鲜。

《四书遇》朋友圈

李光缙

明代学者,字宗谦,号衷一,人称衷一先生,福建泉州人。李光缙精于《四书》《易传》,同时也是一个有着显著重商主义倾向的儒者,这与晚明时期资本主义萌芽的发展有着密切联系。其代表作为《景璧集》。

柳宗元

唐代著名文学家、思想家,"唐宋八大家"之一。字子厚,世称"柳河东""河东先生""柳柳州",山西运城人。他在政治和文坛上都有积极影响,参与永贞革新,领导古文运动。苏轼称赞他"儒释兼通、道学纯备"。

罗汝芳

明代著名思想家、教育家,泰州学派代表人物之一。字惟德,号近溪,世称近溪先生。他提倡用"赤子良心""不学不虑"去"体仁",持见颇新,而且他热衷于讲学,语言平易,为广大平民所接受,被称为启蒙思想的先驱。

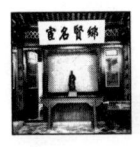

李贽

明代思想家、文学家,泰州学派主要代表人物之一。初姓林,名载贽,后改姓李,名贽,字宏甫,号卓吾,别号温陵居士、百泉居士等。李贽的思想充满批判精神。著有《藏书》《续藏书》《焚书》《续焚书》等。

陆九渊

南宋著名哲学家,陆王心学的开山之祖。字子静,世称存斋先生、象山先生,江西金溪人。学术上与朱熹齐名,主张"心即理""宇宙便是吾心,吾心即是宇宙"的心学理念,对后世影响很大。著有《象山先生全集》。

倪元璐

明代著名书法家,字汝玉,一作玉汝,号鸿宝,浙江上虞人。天启二年进士,历任户部、礼部尚书等。他因书法个性强烈、书风奇伟,名列"晚明五大家"之一。著有《倪文贞集》。

钱德洪

明代哲学家、思想家、教育家，王阳明大弟子，字洪甫，号绪山，浙江余姚人。嘉靖十一年进士，后因抗旨入狱。出狱后，于苏、浙、皖、赣、粤各地讲学，对阳明心学的传播做出了巨大贡献。

丘濬

明代思想家、史学家、政治家、经济学家、文学家，字仲深，谥文庄，海南琼山人。明孝宗御赐"理学名臣"称号，史学界誉其为"有明一代文臣之宗"，曾任户部尚书兼武英殿大学士。

沈无回

明代学者，名守正，字无回，浙江杭州人。高才博学，诗文隽爽，著有《四书丛说》十七卷、《雪堂集》《浚河仿倭议》等。

丘毛伯

明代文学家，名兆麟，字毛伯，号太邱，江西临川人。万历三十八年进士，历任云南道御史、河南巡抚等。其文奇肆纵逸、雄健豪迈。著有《学余园初集》《学余园二集》《玉书亭文集》等。汤显祖称他为"世之奇异人也"。

邵尧夫

名雍，北宋著名理学家、数学家、诗人，"北宋五子"之一。字尧夫，自号安乐先生，谥康节。师从李之才学《河图》《洛书》与伏羲八卦，学有大成。著有《皇极经世》《观物内外篇》《先天图》《渔樵问对》等。

舒碣石

明代文学家，字元直，江西南昌人。万历二十年进士，后辞官居家，于白鹿洞书院、滕王阁等地进行讲学活动，当时很多公卿名流都出自他的门下。他是豫章社的主要成员，著有《四书易经讲义》等。

《四书遇》朋友圈

苏茂相

明代学者,字宏家,号石水,福建晋江人。万历二十年进士,历任户部主事等,为官正直严明。著有《宝善类编》《读史韵言》《苏氏韵辑》《先觉要言》《训蒙迩言》《正气编》等。

苏辙

北宋著名文学家,"唐宋八大家"之一。字子由,一字同叔,晚号颍滨遗老,谥文定。嘉祐二年进士,历任御史中丞、尚书右丞等。苏辙与父亲苏洵、兄长苏轼合称"三苏",著有《诗传》《春秋传》《栾城集》等。

汤显祖

明代戏曲家、文学家,字义仍,号海若、若士、清远道人,江西临川人。汤显祖的主要成就在戏曲创作上,其代表作为《牡丹亭》,另《还魂记》《紫钗记》《南柯记》和《邯郸记》合称"临川四梦"。

苏轼

北宋著名文学家、书法家,"唐宋八大家"之一,豪放派主要代表人物。字子瞻,又字和仲,号铁冠道人、东坡居士,谥文忠,四川眉山人。嘉祐二年进士,历任翰林学士、礼部尚书等。著有《东坡七集》《东坡易传》《东坡乐府》等。

孙应鳌

明代思想家、学者,字山甫,号淮海,谥文恭,贵州凯里人。嘉靖三十二年进士,历任金都御史、工部尚书等。孙应鳌是名臣大儒,思想上深受阳明心学影响,师从泰州学派创始者王艮的弟子徐樾。著有《四书近语》《淮海易读》等。

王安石

北宋著名思想家、政治家、文学家、改革家,"唐宋八大家"之一。字介甫,号半山,谥文,世称王文公、王荆公,江西临川人。熙宁年间,官居相位,主持变法。在学术上,潜心经学,创立"荆公新学"。著有《王临川集》《临川集拾遗》等。

王畿

明代著名思想家，王阳明大弟子。字汝中，号龙溪，世称龙溪先生，浙江绍兴人。嘉靖十三年进士，官至南京兵部主事，罢官后，在江、浙、闽、越等地讲学，对阳明心学的传播起到了巨大的推动作用。有《王龙溪先生全集》行世。

王世贞

明代文学家、史学家，明代文坛"后七子"领袖。字元美，号凤洲，又号弇州山人，江苏太仓人。嘉靖二十六年进士，历任南京兵部侍郎、南京刑部尚书等。在文学上提倡复古，著有《弇州山人四部稿》《弇山堂别集》等。

王锡爵

明代学者首辅，字元驭，号荆石，谥文肃，江苏太仓人。嘉靖四十一年榜眼，任首辅期间，日寇侵略朝鲜，王锡爵看穿日本以朝鲜为跳板侵略中国的企图，力排众议，运筹抗倭，大胜日寇。著有《王文肃公文集》。

王肯堂

明代学者、医学家，字宇泰，一字损仲，号损庵，自号念西居士，江苏金坛人。万历十七年进士，官至福建参政。著有《证治准绳》（其中有大量医学内容，今人辑为《王肯堂医学全书》）、《〈尚书〉要旨》《〈论语〉义府》等。

王守仁

明代哲学家、思想家、军事家，阳明心学的创立者。幼名云，字伯安，别号阳明，谥文成，世称阳明先生、王文成公。他继承和发展了陆九渊的心学，开创阳明心学，对明代及后世乃至整个东亚地区都有极为广泛的影响。有《王文成公全书》传世。

张汝霖

张岱的祖父，字肃之，号雨若，晚年号园居士，山阴人，晚明江南士林颇有影响的人物，与陈继儒、陶爽龄、黄汝亨、王思任等名流过从甚密。思想活跃，个性恢谐，喜爱文艺，在家族人物中对张岱的治学方法、价值取向、文艺思想等影响最大。

《四书遇》朋友圈

谢良佐

北宋思想家,师从程颢、程颐,"程门四先生"之一。字显道,世称上蔡先生或谢上蔡,河南上蔡人。他对理学南渡有着重要作用,对湖湘学派以及心学一系有着深远影响。有其门人整理的《上蔡语录》传世。

徐㦽弦

明代学者、藏书家,名常吉,曾经采录唐、宋以来谐谑文章七十余篇,汇录为《谐史》。

杨椒山

明代学者,名继盛,字仲芳,号椒山,谥忠愍,河北容城人。嘉靖二十六年进士,历任兵部员外郎等。杨继盛为官刚正,曾上疏力劾严嵩"五奸十大罪",遭诬陷下狱,备受严刑。著有《杨忠愍文集》。

徐光启

明代著名科学家、政治家,字子先,号玄扈,谥文定,上海人。徐光启官至礼部尚书兼文渊阁大学士、内阁次辅,但他致力于天文、历法、水利、数学等科学研究,编写《农政全书》,译有《几何原本》《泰西水法》等。

许孚远

明代思想家,字孟中,号敬庵,谥恭简,浙江德清人。历任福建巡抚、兵部右侍郎等,曾大败倭寇。精研理学,积极讲授传播阳明心学。著有《论语述》《敬和堂集》《大学述》《中庸述》等

叶梦得

两宋之际著名词人,字少蕴,号石林居士,江苏苏州人。绍圣四年进士,官至户部尚书。他开创了以"气"入词的词坛新路,同时精通经学,于《春秋》《礼记》《论语》《孟子》均有著述。

袁宏道

明代著名文学家，"公安派"代表人物。字中郎，又字无学，号石公，又号六休，湖北公安人。万历二十年进士，历任礼部主事、国子博士等。在文学上提倡"性灵说"，反对文坛上的复古之风。

张洪阳

明代学者、诗人，名位，字明成，号洪阳，谥文庄，江西南昌人。隆庆二年进士，官至礼部尚书。著有《闲云馆集钞》《丛桂山房汇稿》《词林典故》等。

真德秀

南宋著名理学家，始字实夫，后更字景元，又更为希元，号西山，谥文忠，世称西山先生。庆元五年进士，官至户部尚书。真德秀在确立理学正统地位过程中发挥了重要作用，被看作朱熹之后的理学正宗传人。

湛若水

明代哲学家、教育家、书法家，字元明，号甘泉，广东广州人。弘治十八年进士，历任南京礼、吏、兵三部尚书。与王阳明切磋论辩并各立门户，强调"随处体认天理"。著有《湛甘泉集》。

张九成

南宋理学家，字子韶，号无垢，谥文忠，浙江海宁人。绍兴二年状元，历任宗正少卿、权礼部侍郎兼刑部侍郎等。张九成长于经学，并援佛入儒，儒佛互参。著有《横浦集》等，后形成"横浦学派"。

郑樵

南宋著名史学家，字渔仲，世称夹漈先生，福建莆田人。郑樵一生不应科举，博览群书，在史学、经学、目录学、语言学等诸多领域都有建树。著有《通志》《夹漈遗稿》《尔雅注》《诗辨妄》。

《四书遇》朋友圈

钟惺

明代著名文学家，竟陵派代表人物。字伯敬，号退谷，湖北竟陵人。万历三十八年进士，曾任工部主事，后辞官归乡。他在文学上反对当时流行的复古文风，倡导幽深孤峭的风格。著有《史怀》等。

周宗建

明代官员、学者，东林"后六君子"之一。字季侯，号来玉，江苏苏州人。万历四十一年进士，历任福建道御史等。为官刚正，多次上疏弹劾魏忠贤，著有《老子解》等。

卓尔康

明代学者，名尔康，字去病，浙江杭州人。历任工部屯田司郎中、两淮盐运通判等。明亡后，郁抑床席，不逾年而死。他精通易学，著有《易学》《图说》《说卦传》《序卦传》《杂卦传》等。

周安期

明代学者，名永年，著有《周安期诗》（收录于《启祯两朝遗诗本》）等。

庄元臣

明代思想家，字忠甫，一作忠原，号方壶子、鹏池主人，浙江湖州人。明万历三十二年进士。他强调经世致用，并且用道家思想来融会儒佛，批判传统的程朱理学。著有《曼衍斋文集》等。

邹守益

明代理学家、教育家，王阳明弟子，江右学派代表人物，字谦之，号东廓，江西安福人。正德六年探花，辞官回乡后研究程朱理学。后拜王阳明为师，潜心研究阳明心学，并在赣州讲授阳明学说。

9

马君常

明亡首位殉节的官员，名世奇，字君常，号素修，江苏无锡人，崇祯四年进士，为人廉洁好义，喜欢帮扶后辈。与华允诚，龚廷祥并称"锡山三忠"。著作有《书经直解》《忠镜录》等。

于谦

明代名臣，民族英雄。名谦，字廷益，号节庵。英宗被瓦剌俘虏，果断扶立景帝，让明朝继续维持下去。《明史》称其"忠心义烈，与日月争光"。

管登之

偶看佛经开悟的居士，名志道，字登之，江苏太仓人，明隆庆五年进士。因读《华严经》"法界圆融"一章而顿悟人生真谛。著有《护法篇》，倡导释儒道并行互助。大文学家李贽称他的学问"超今绝古"。

方子春

明代学者、诗人、理学家、教育家，名坰，字思臧，号朔夫，又号子春、子春叟。中年开始研读程朱理学，即使贫病交迫也不中断，致力于"居敬穷理""潜思力行""谨守绳墨"。著有《生斋读易日识》《春秋说》等。

艾千子

和清朝死磕到底的江西才子，名南英，字千子。曾拜戏剧名家汤显祖为师，是"临川四才子"之一。他曾起兵抗击清军，江西失陷后赴福建投唐王朱聿键，被授予兵部主事，不久改任御史。

尹和靖

宋朝大儒，名焞，字彦明，一字德充，靖康初奉诏至京师，赐号"和靖处士"。是伊川先生高足，志尚高洁。著作有《和靖先生集》及《论语解》传世。

《四书遇》朋友圈

冯开之

明代学者,敢于得罪张居正的诗人。名梦祯,字开之,号具区,又号真实居士,浙江秀水人。曾任编修,非常有骨气,因张居正丧父夺情的事被弹劾罢官。

朱熹

褒贬不一的南宋大学问家,讲学不辍,继承程颐又独立发挥,成为理学集大成者,西方研究者把他与亚里士多德相比。主要著作《四书章句集注》后来成为官定教科书和科举考试的标准。

李崆峒

胆气过人的明朝文学界领袖,名梦阳,字献吉,自号"崆峒子",祖籍河南扶沟。出生时,母亲梦见一轮红日堕落怀中,所以起名梦阳。二十年宦海生涯中几番下狱、数次罢官,在读书界威望极高。

薛方山

明朝学者、藏书家,名应旗,字仲常,号方山,常州人。他是嘉靖十四年进士,因触怒严嵩,被贬。归居后,专事著述,家富图籍,藏书可与吴宽、茅坤、王阳明等人相提并论。刻印古籍数十种,如《六朝诗集》等。

吴因之

明代学者,心底坦荡的真君子。名默,字言箴,一字因之,吴江人。万历二十年会试第一,官至太仆寺卿。苏州五人反抗阉党被杀,他出重金秘密买下五人头颅装入木匣掩埋,后义助修建墓园。

宋羽皇

喜欢讲古的读书人,名凤翔,字羽皇,浙江嘉兴人,明万历壬子举人。著有笔记《秋泾笔乘》一卷,记载一些史书传记中的一些杂事,并加以议论。

张元岵

热心公益的明朝遗老，名次仲，字符岵，号待轩居士。海宁人。天启举人，不求仕进。明亡后隐居乡里，潜心研究经学，自号浙汜遗农。他的诗大都反映民间疾苦。

张侗初

明代小品文高手，名鼐，字世调，号侗初，"昙花五子"之一，明朝万历三十二年进士。张鼐在经学和史学方面的造诣也不浅，著有《吴淞甲乙倭变志》《宝日堂集》《馣堂考故》等。

张元忭

张岱的曾祖，名元忭，字子盖（子荩），别号阳和，山阴人。少时身体羸弱而好读书，十余岁时即以气节自负。跟从阳明先生弟子王龙溪学习心学，笃于孝行，躬行实践。

杨复所

精通心学的明代中央大学副校长，名起元，字贞复，号复所，广东博罗县人，阳明心学泰州学派的代表人物。曾担任国子监司业，任广州禺山书院山长。著有《识仁编》《证学编》《四书眼》等。

张南轩

南宋初期学者，湖湘学派的巨擘，南宋高宗右相张浚之子。名栻，字敬夫，后避讳改字钦夫，又字乐斋，号南轩，人称南轩先生。其学自成一派，与朱熹、吕祖谦并称"东南三贤"。

杨升庵

明朝三大才子之一，名慎，字用修，号升庵，宰相杨廷和之子。其著作多达一百多种，主要集中在古韵学、文字训诂学及诗文方面。词作《临江仙·滚滚长江东逝水》广为人知。

《四书遇》朋友圈

季彭山

王阳明的著名弟子,名本,字明德,号彭山。他撰述丰富,主要通过诠释经典、著述立说以阐发心学,弘扬师说。著有《易学四同》《诗说解颐》等。张元忭曾作《季彭山先生传》。

周海门

王龙溪的弟子,浙东地区士林领袖,名汝登,字继元,号海门。他对佛学研究很深,是晚明时期以阳明学接引、推动浙东禅宗兴盛的关键人物。著有《圣学宗传》《王门宗旨》《四书宗旨》等。

陆景邺

马革裹尸的易学专家,名梦龙,字君启,号景邺,会稽人。明万历三十八年进士,先后担任刑部主事、员外郎。崇祯时担任右参政。著有《易略》三卷。

胡云峰

宋代学者,终生教书育人的易学大师。名炳文,字仲虎,号云峰,婺源考川人。自幼好学,后求学于朱熹门下,对《易经》颇有造诣,一家三代成为易学名家,名列"明经胡"七贤。在家乡办"明经书院",培育了很多人才。

陆子静

南宋思想家,心学代表人物。名九渊,字子静,因讲学于象山书院而被称为象山先生。与朱熹齐名,而见解多不合。任地方官时政绩颇著,常授徒讲学。去官归里后在学宫内设讲席。

邹南皋

明代名臣,人称"割不尽的韭菜地,打不死的邹元标",名元标,字尔瞻,号南皋。他为人敢言,曾被发配贵州六年。返朝呆了几年,又被弃置,此后整整三十年居家讲学,与顾宪成、赵南星并称"东林党三君"。

赵希鹄

北宋著名鉴赏家，著有《洞天清禄集》《调燮类编》等。他提出画家要有三个方面的修养：胸中有万卷书，目饱前代奇迹，又车辙马迹半天下，方可下笔。

许白云

元朝著名学者，名谦，字益之，号白云山人，浙江东阳人。学识渊博，对天文地理、典章制度、刑名术数无不通晓。讲学四十年，弟子见于著录者千余人。

袁了凡

明代学者，第一位有"版权"的善书作者。名黄，字庆远，号了凡，江苏吴江人。他融会禅学与理学写成《了凡四训》，告诫世人积善改过，提倡记功过格，流行一时。

贾谊

忧郁而死的才子，名谊，西汉初年著名政论家、文学家，世称"贾生"。他少有才名，受到文帝赏识，但受排挤谪为长沙王太傅，三年后转为梁怀王太傅。代表作有《过秦论》《论积贮疏》《吊屈原赋》等。

袁石浦

明代公安派"三袁"之一，名宗道，字伯修，号玉蟠，又号石浦。与弟袁宏道、袁中道志同道合，人称"公安派"。他认为文章要旨在于辞达，先有"理"，"从学生理，从理生文"，其次要有真情实感。

徐子卿

心怀天下的读书人，名日久，字子卿，又字鲁人，号率真。做秀才时即以天下为己任，辑录历朝实录及兵部档案中有关边防的史料，编纂为《五边典则》。

《四书遇》朋友圈

顾泾阳

明末最大"在野党"的一号首长,名宪成,字叔时,号泾阳,东林党领袖,江苏无锡人。万历八年进士,授户部主事,后被罢官,创办东林书院,与高攀龙等讲学,讥讽时政,吸引了很多官员和名士。

黄贞父

晚明著名的小品作家,名汝亨,字贞父,钱塘人。官至江西布政司参议。书法合苏米之长,媚不掩骨,独树一帜。也是小品文名家,著有《天目记游》《廉吏传》等。

董思白

曾因书法差丢掉头名的明代大书画家,名其昌,字玄宰,号思白,松江华亭人,书画家。17岁时参加会考,因书法差而屈居第二,由此发愤习书,终成一代名家。书法上有"邢张米董"之并称。

程伯子

温厚的大宋学霸,北宋理学的奠基者。名颢,字伯淳,学者称明道先生。初看如同泥塑木雕一般,实则温厚和气,使人如沐春风。与他那个不苟言笑的弟弟程颐形成鲜明对比。

谢象三

明朝藏书家,字三宾,一字塞翁。早年拜钱谦益为师,受其影响,笃好藏书。他在月湖滨(今宁波谢家巷)筑"天赐园",其藏书楼称"博雅堂",颇负盛名。

程颐

出生官宦世家的刻板圣人,十几岁就敢以布衣身份给皇帝上书,后来专心讲学,被任命为崇政殿说书。因洛蜀党争而辞职。新党执政后,皇帝下令烧掉其著作,把他流放涪陵三年。

目录

序 1
张岱《四书遇》自序 5

圣经章 9
   《大学》原典 11
   《四书遇》原文 13
   朋友圈纵横谈 16
   小掌故·明德之教 28

康诰章 29
   《大学》原典 31
   《四书遇》原文 31
   朋友圈纵横谈 32
   小掌故·太甲悔过 34

盘铭章 35
   《大学》原典 37
   《四书遇》原文 37
   朋友圈纵横谈 38
   小掌故·成康之治 40

邦畿章 ... 41
- 《大学》原典 ... 43
- 《四书遇》原文 ... 45
- 朋友圈纵横谈 ... 46
- 小掌故·卫武中兴 ... 48

听讼章 ... 49
- 《大学》原典 ... 51
- 《四书遇》原文 ... 51
- 朋友圈纵横谈 ... 53
- 小掌故·孔子听讼 ... 57

知本章 ... 59
- 《大学》原典 ... 61
- 《四书遇》原文 ... 61
- 朋友圈纵横谈 ... 62
- 小掌故·阳明格竹 ... 62

诚意章 ... 63
- 《大学》原典 ... 65
- 《四书遇》原文 ... 65
- 朋友圈纵横谈 ... 67
- 小掌故·富润屋，德润身 ... 72

正心修身章 ... 73
- 《大学》原典 ... 75

《四书遇》原文............75
　　朋友圈纵横谈............76
　　小掌故·襄子赛马............78

齐家章............79
　　《大学》原典............81
　　《四书遇》原文............81
　　朋友圈纵横谈............82
　　小掌故·孟献囚子............84

治国章............85
　　《大学》原典............87
　　《四书遇》原文............89
　　朋友圈纵横谈............90
　　小掌故·宋君自省............93

絜矩章............95
　　《大学》原典............97
　　《四书遇》原文............101
　　朋友圈纵横谈............104
　　小掌故·拔葵去织............112

序

钱穆先生曾开过一个书单,列出他认为中国人必读的9本书。在这张书单上,我们常说的四书——《大学》《中庸》《论语》《孟子》——占了四席。由此,足见钱先生对于四书的认可与推崇。

四书是每个中国人绕不开的经典,但它们享有这样的待遇,却是在问世1400多年后的南宋。当时,程颐和朱熹特别重视《礼记》中的《大学》和《中庸》两篇文章,于是把它们抽出来变成两个单行本,加上《论语》《孟子》,集为一套四本,称做"四子书"或"四书"。

朱熹还倾注心血为四书作注解,编成《四书章句集注》。也正是从宋代起,四书逐渐代替汉唐的大学教材五经,成为儒家文化的核心和基础,家传户诵。朱注也成为官学正统,甚至被奉为科考的唯一标准,不仅代表了政治正确,更关系到每个读书人的前途。直到阳明心学在明朝中期兴起,朱注的大一统地位才开始受到挑战。

《四书遇》导读

明朝才子张岱的语录体读书札记《四书遇》，即是抛开朱注，从心学角度解读四书的一部代表性作品。

张岱字宗子，又字石公，号陶庵，别号蝶庵居士，山阴（今浙江绍兴）人。他的高祖张天复、曾祖张元忭、祖父张汝霖三代都是进士，且都曾身居高位，父亲张耀芳也担任过明藩王鲁王府的右长史——相当于今天省级单位的副秘书长。

所以，张岱前半生一直过着逍遥自在的公子哥生活："少为纨绔子弟，极爱繁华，好精舍，好美婢，好娈童，好鲜衣，好美食，好骏马，好华灯，好烟火，好梨园，好鼓吹，好古董，好花鸟，兼以茶淫橘虐，书蠹诗魔。"

明朝灭亡，张岱的快活日子也灰飞烟灭。他披发入山，过起了诗琴自娱的隐居生活。他晚年号六休居士，"六休"的意思是：粗羹淡饭饱则休，破衲鹑衣暖则休，颓垣败屋安则休，薄酒村醪醉则休，空囊赤手省则休，恶人横逆避则休。这份不为物役的心境，一方面反映了他一贯的自由气质，另一方面也说明了生活的窘迫。

作为令人惊艳的小品圣手，张岱虽被誉为"天下无与抗手"的散文第一名家，其成就却绝非"散文家"所能涵盖。他在经学上的卓越建树，标志就是语录体的《四书遇》。

《四书遇》的独特价值在于，它打破了朱熹旧注的垄断，重现了四书生命之学和心性之学的本来面目。

张岱不甘拜伏在旧说成见面前，入乎耳，出乎口，做一个亦步亦趋、人云亦云的吃瓜群众,而是自出机杼,创造了学习经典的一种新方式:遇。他在序中说:他读四书,不因袭前人注解,而是在石火电光一闪间悟出某种妙解,强调有"遇"于心,也就是根据时时处处的体认,邂逅经典中蕴含的精妙义趣,做出创造性的解释。

在《四书遇》中,张岱以过人的见识与灵动的语言,会通三教,六经注我,"把儒家经典、诸子百家语和禅宗机锋语陶冶在一起,说得煞有介事,娓娓动听,文采斐然,这是枯燥乏味的高头讲章和酸腐味极重的理学著作所不能比拟的。"(朱宏达语)

而在书中与他同台亮相的,不仅有同时代的学者,还有饶双峰、程颢等前代大咖,基本都是各个时代最聪明的头脑。他们就四书的内容舌灿莲花,旁征博引,或者深谈体悟,或者辨析疑义,时而惺惺相惜,时而激烈交锋。今日读来,犹如观赏一台精彩纷呈的对话节目,比今人对话节目又不知精彩了多少倍。

为了让读者体味"节目"中的独到见解与连珠妙语,我们借用今日流行的微信的形式,把《四书遇》的内容呈现出来,以原文下的"点赞"列出对话者,以@来指明对话者所针对的人。简明清晰,一目了然。每则对话的内容,采取古文和白话译文相对照的方式,方便大家阅读。

《大学》在四书中篇幅最短,不过2100多字,却被列为四书之首。这是因为，它用格物、致知、诚意、正心、修身、齐家、治国、平天下八大纲领，把中国人内圣外王的生命之道一网打尽了，自宋代以来就成为读书人的入门指南，宋代大学者程颐甚至说："我平生精力都在《大学》上，这部书读好了，才可以读其他书。"

无论是朋友圈的现代形式，还是尽可能翔实的翻译，这些尝试都是为了帮助大家更好地了解张岱和《四书遇》。诸君如能从中得到启发和助益，也将是对我们最大的鼓励。

千虑一得，尚待验证；挂一漏万，在所难免。期待您的探讨交流和批评指正！邮箱：lipinbook@hotmail.com.

编译者

二〇一七年七月二十日

张岱《四书遇》自序

四书六经，自从被后人加上注解，原有的意趣就失去十之五六了，再被人加上诠释，原有的意趣就失去十之八九，几乎丧失殆尽了。所以前辈曾经说："给六经加上注解，反而不如不加。"这些经典完完整整的几句好文章，却被后人的训诂讲义弄得零散破碎，真是太可惜了！

我自幼遵从祖父的教导，读六经时从不看朱熹的注解，也不参考其他各派的注疏，以免先入为主。我只是正襟危坐，朗诵几十遍正文，对其中的意思往往就能蓦然有所领悟。间或有一些内容自己无法弄通，就把它不加理解地牢记心中。然后过个一年或两年，或者在读别的书时，或者在听别人聊天时，或者在观赏山川风物、鸟兽虫鱼时，突然间有所感触，对那些不理解的内容就会恍然大悟。

我把这些感悟整理出来,就成了这本《四书遇》。

之所以用"遇"字,就是说这些感悟不是在家里碰到的,也不是在旅舍遇到的,而是旅途中偶然邂逅的。古代有一位大书法家文与可,偶尔看到路旁两条蛇绞绕缠斗,顿时领悟到草书的窍门;"草圣"张旭欣赏公孙大娘舞剑,触发灵感而书艺大进。大概他们的心灵也是与什么相遇了吧?

古人精思静悟,对一个东西钻研日久,忽然石火电光般彻悟,洞察了其精深微妙的变化,别人根本无从知道他的想法是从何处而来。现在的读书人历经十年苦读,在风檐寸晷的科举考场上,争分夺秒地构思出八股文章。而主考官在醉生梦死之余,忽然被某一篇投合了心意,就像磁铁吸引铁块和琥珀吸引草芥一样,相悦以解,全部注意力几乎都被吸引过去。这种莫名邂逅的奥妙,真是让人无法理解。我们继续深究下去,人世间的色、声、香、味、触、法,没有一样的里头不存在可供相遇的途径,就只等着和用心深邃的明眼人邂逅相遇,成为情投意合的朋友。

我在战乱中逃离家乡,两年里东奔西走,身无长物,所有的东西都统统扔掉了,唯独把这部书稿藏在行李箱底,一页都不曾丢掉。我还记得苏东坡当年被贬官到海南岛,在渡海时遇到了飓风,所坐的船眼看就要翻了。他自言自语地说:"我的

《易解》和《论语解》两本书还没有流行于世，即使遇险也一定会逢凶化吉。"后来他果然平安抵达。我的这部书稿将来能不能遇到知己，和会不会遇到盗贼水火，都同样是一个遇字啊。到底会怎样，谁能轻易说得清呢？

【原文】六经四子，自有注脚而十去其五六矣，自有诠解而去其八九矣。故先辈有言，六经有解不如无解，完完全全几句好白文，却被训诂讲章说得零星破碎，岂不重可惜哉。余幼遵大父教，不读朱注，凡看经书，未尝敢以各家注疏横据胸中，正襟危坐，朗诵白文数十余过，其意义忽然有省，间有不能强解者，无意无义，贮之胸中，或一年，或二年，或读他书，或听人议论，或见山川云物、鸟兽虫鱼，触目惊心，忽于此书有悟，取而出之，名曰《四书遇》。

盖遇之云者，谓不于其家，不于其寓，直于途次之中邂逅遇之也。古人见道旁蛇斗而悟草书，见公孙大娘舞剑器而笔法大进，盖真有以遇之也。古人精思静悟，钻研已久，而石火电光，忽然灼露，其机神摄合，政不知从何处着想也。举子十年攻苦，于风檐寸晷之中构成七艺，而主司以醉梦之余,忽然相投,如磁引铁,如珀摄刍,相悦以解,直欲以全副精神注之,其所遇之奥窍,真有不可得而自解者矣。推而究之,色声香味触发中间,无不有(编注:个别版本此处为"可"字)遇之一窍,特留以待深心明眼之人,邂逅相遇,遂成莫逆耳。

余遭乱离两载,东奔西走,身无长物,委弃无余,独于此书,收之箧底,不遗只字。曾记苏长公儋耳渡海,遇飓风,舟几覆,自谓《易解》与《论语解》未行世,虽遇险必济。然则余书之遇知己,与不遇盗贼水火,均之一遇也,遇其可易(编注:个别版本此处为"遇"字)言哉?

【圣经章】

《大学》原典

大学之道，在明明德，在亲民，在止于至善。知止而后有定，定而后能静，静而后能安，安而后能虑，虑而后能得。

物有本末，事有终始，知所先后，则近道矣。古之欲明明德于天下者，先治其国；欲治其国者，先齐其家；欲齐其家者，先修其身；欲修其身者，先正其心；欲正其心者，先诚其意；欲诚其意者，先致其知；致知在格物。

物格而后知至，知至而后意诚，意诚而后心正，心正而后身修，身修而后家齐，家齐而后国治，国治而后天下平。自天子以至于庶人，壹是皆以修身为本。其本乱而末治者否矣，其所厚者薄，而其所薄者厚，未之有也！

译文　大学的宗旨，在于彰显我们万物一体的光明美德，在于关怀爱护民众，在于追求并安住于至善境界。"明明德"是发现万物一体的体，"亲民"是实践万物一体的用。安住于对至善境界的追求中，才能使自己矢志不渝；矢志不渝，然后心才能清明安静；心清明安静了，然后才能从容闲适；从容闲适了，才能精密细致地思考问题；思考精密细致了，才能做什么事都恰到好处，也才能最终达到至善的境界。

任何事都有根本和枝末，也有开端和终结。明白了修学的本末和始终，就接近生命大道了。古代那些想彰显光明美德于天下的人，都会先治理好自己的国家；想治理好自己国家的人，都会先管理好自己的家庭；想管理好家庭的人，都会先完善自身的言行；想完善自己言行的人，都会先让自己的心保持中正；想让心保持中正的人，会先让每个起心动念真诚而不自欺；想让起心动念真诚的人，都会先开启自己本有的良知。开启良知的方法，是在做每件事情时为善去恶。

通过在每件事情上为善去恶，人心本具的良知才能开启；只有开启了本具的良知，才能让每个起心动念变得真诚；只有每个起心动念变得真诚，心才会保持中正；只有心保持中正，才能完善自我的一言一行；只有一言一行完善了，才能管理好家庭和家族；只有家庭和家族管理好了，才能治理好国家；只有国家治理好了，才能天下太平。上自国家元首，下至平民百姓，人人都要以修身——提高自我修养——为根本。如果自身修养不够严整，家国天下都是不可能治理好的。修养深厚者齐家治国平天下的成效小，修养薄弱者齐家治国平天下的成效反而大，这是不可能的！

《四书遇》原文

（朱子大学章句）子程子曰："大学，孔氏之遗书，而初学入德之门也。于今可见古人为学次第者，独赖此篇之存，而论、孟次之。学者必由是而学焉，则庶乎其不差矣。"右经一章，盖孔子之言而曾子述之。其传十章，则曾子之意而门人记之也。旧本颇有错简，今因程子所定，而更考经文，别为序次如左。

艾千子曰：对小学而言，谓之大学。今人以大学属之成均、辟雍，谓天子之学不与庶方、小侯同者，此是大学止一学宫之名耳。然则改其文曰"成均、辟雍之道，在明明德"，可乎？后学慎之。

陶文僖在经筵讲《大学》，谓明明德如磨鉴，不虞昏；新民如澣衣，不虞污；止至善如赴家，不虞远。是在于性真未凿时，扩充善端而已。

"知止"不明，非徒错看《大学》，竟错过一生学门。觉人伦外尚复有道，尽人伦外尚复有学，即不可谓"知止"。文王所称"缉熙敬止"，只仁、孝、敬、慈、信，在在能止，故曰："圣人，人伦之至。"

心地功行，细若微尘，如《中庸》"形""著""明"，《大学》"定""静""安"，都照顾得到。

艾千子曰："安"字不宜浮讲虚幻，只明德民止至善，无疑畏，无机揑而已。《书》言"安止"，未有不自几康者。

徐子卿曰："虑"字是条理精详，思路畅达。正明德自然真体，不是临时撮凑。比如一事到手，若慌慌张张做过了，少不得破绽全露；若到得恰好田地，虽是偶然泛应，便竭尽思虑，无以复加。这惟从容中道者，才有个光景。是名为"虑"。

格物是零星说，致知是顿段说。格物十事，格得九事通透，一事未通透，不妨；一事只格得九分，一分不通透，不可。须穷尽到十分处。

陆景邺曰："格"如格子之"格"，原是方方正正，无些子不到。

既说"先"又说"后"，不是复语。圣贤教人如老媪教孩子数浮屠：一层层数上来，又一层层数下去。有这层，就有那层，正见得有那层，先有这层，一毫参差不得。要人把全体精神，从脚跟下做起也。

饶双峰曰：上一节就八条目逆推工夫，后一节，就八条目顺推效验。

李崆峒曰：家曰"齐"，恩断义也，如刀切草。国曰"治"，绪而分之也，如理乱丝。天下曰"平"，因其好恶而均之也，如平道涂。斯大小远近之义乎！

徐子卿曰：或问心是根苗，意是从心根苗里发出，如何倒说"欲正心者，先诚其意"？余云：谷子也从苗上发生的，布种时都是从谷子漉洗。若不会得，则言根言叶，总是糟粕一般。

徐子卿曰：非谓本乱而末决不治，厚薄而薄决不厚。零说可以，顿说可以，粗说可以，精说，吾心也是一物，若格得吾心了了，此外有何物？究竟起来，瓦甓屎溺，孰非神理？古人闻驴击竹，悉证妙悟，岂得于此更生隔阂？但患认朱子意差，真个于物上寻讨，饶君遍识博解，胸中只得一部《尔雅》，有白首而不得入古人之学，为可悲耳。要非可以病朱子也。

细玩经文及传，此"物"字分明与上"物有本末"照应；格，是格个本耳，故传曰："此谓知本，此谓知之至也"。传分明以"知本"当"格物"，而宋儒以为阙文，得无多此一补传乎？"物格"，"知至"，是一件事，故独曰"在"。

格物是梦觉关，诚意是人鬼关，过得此二关，上面工夫，一节易如一节了。至治国平天下，地步愈阔，但须从移步换影之处，劈肌分理，非寂寞苦空人，谁能解得？

董日铸曰："诚意"之功，非难非易。看得太易，恐认情识作本体，是枭爱子；看得太难，恐袪情识寻本体，是提灯觅火。此皆有志于"诚意"而卒失之。所以先之以"致知"。知彻之后，如淘沙得宝，粒粒成真，且有不诚而不可得者矣。

"格物"二字，先儒于此，几成聚讼。朱子"今日格一物，明日格一物"，也只是对初学人立下手工夫，其实可以也。那末处任治，原不中用；薄处任厚，只是厚不得耳。《吕览》《月令》，曾无秕政；山公吏部，何忧失人？究竟济事不济事？

朋友圈纵横谈（▆为原文）

程颐

《大学》可是孔圣人留下来的学问，是新手提高修养的入门读物，现在我们还能知道古人学问的先后次序，全靠着还有这本书，连《论语》《孟子》都还在其次。只要从这本书学起，学问基本上不会差到哪儿去。

▆ 大学，孔氏之遗书，而初学入德之门也。于今可见古人为学次第者，独赖此篇之存，而论、孟次之。学者必由是而学焉，则庶乎其不差矣。

♡ 朱熹

朱熹

本章是《大学》的经文一章，是曾子记述的孔子言论。后面的十章传文，是曾子的门人记录下曾子的解读。旧的版本有不少错简的地方，现在我根据 @程颐 老师的判定，重新考证经文，编定了各章的次序。

▆ 右经一章，盖孔子之言而曾子述之。其传十章，则曾子之意而门人记之也。旧本颇有错简，今因程子所定，而更考经文，别为序次如左。

艾千子

所谓大学，指的是修身诚意、治国安邦的学问，是相对于把洒扫应对、文字训诂称为小学而言。现在有人把大学理解为"成均""辟雍"这些京师贵族学府，区别于地方的学校，这是把大学误解成学府了。如果是这样，干脆把《大学》首句改成"成均、辟雍之道，在明明德"得了，这不就成笑话了吗？大家可不要理解错了！

> 对小学而言，谓之大学。今人以大学属之成均、辟雍，谓天子之学不与庶方、小侯同者，此是大学止一学宫之名耳。然则改其文曰"成均、辟雍之道，在明明德"，可乎？后学慎之。

♡ 张岱

陶文僖

我在给太子担任侍读学士的时候，是这么讲《大学》这一段的：明明德就好比是打磨镜子，积的尘垢再多也不怕；"新民"就好比是是洗衣服，再不干净也不怕；（编注：此处陶文僖依朱熹改《大学》原文"在亲民"为"在新民"的文本，讲解其对于"新民"的观点。）"止至善"好比是回家，路途再远也不怕。这些，不过都是在人的本性真体还没凿开时，开扩至善的源头而已。

> 在经筵讲《大学》，明明德如磨鉴，不虞昏；新民如澣衣，不虞污；止至善如赴家，不虞远。是在于性真未凿时，扩充善端而已。

♡ 张岱

张岱

如果不弄清楚"知止"的道理，不仅理解不了《大学》，还可能会错过一生的修学门径。要是你还觉得在日常的待人接物之外还有一个"道"，还有东西要学，那你肯定没弄懂什么是"知止"。《诗·大雅·文王》中记载周文王能"以光明的德行庄敬安住"，不过是他随时随处可以安住于仁、孝、敬、慈、信之上，所以孟子说："圣人，只不过是把待人接物的学问发挥到极致。"

> "知止"不明，非徒错看《大学》，竟错过一生学门。觉人伦外尚复有道，尽人伦外尚复有学，即不可谓"知止"。文王所称"缉熙敬止"，只仁、孝、敬、慈、信，在在能止，故曰："圣人，人伦之至。"

我们在心地上用功提高修养，一言一行都如纤尘般细微。也正因如此，《中庸》中所说的"形""著""明"——诚于中而形于外，进而道德显著，再进而明了大道，《大学》本章中指出的"定""静""安"，才都能做得到。

> 心地功行，细若微尘，如《中庸》"形""著""明"，《大学》"定""静""安"，都照顾得到。

♡ 艾千子

艾千子

我们不要把"安"字说得过于虚无缥缈，它不过就是明德、亲民、止至善，就是无所怀疑、无所畏惧、无所动摇地安住于对至善的追求之中而已。《尚书·皋陶谟》上说："安住于你的追求，发现各种安危的征兆。"能安住于追求至善的人，又有哪个不是警惕地对待各种征兆的呢？

> "安"字不宜浮讲虚幻，只明德民止至善，无疑畏，无机揑而已。《书》言"安止"，未有不自几康者。

♡ 张岱

徐子卿

"虑"字的意思，就是考虑问题时条理清晰，思维缜密，正确地把握事物的真实本体，而不是临时东拼西凑地乱抓。一件事临头，如果慌里慌张把它做完了，难免就会破绽毕露；如果有人达到了虑事精详的境界，即使偶然做出即时反应，别人就算苦思冥想也没法做得更好。只有从从容容地行走于中道的人，才会有这种境界。这就是"虑"。

▇ "虑"字是条理精详，思路畅达。正明德自然真体，不是临时撮凑。比如一事到手，若慌慌张张做过了，少不得破绽全露；若到得恰好田地，虽是偶然泛应，便竭尽思虑，无以复加。这惟从容中道者，才有个光景。是名为"虑"。

♡ 张岱　陆景邺　饶双峰　李崆峒　徐子卿

张岱

"格物"是零星次第地去做每件事情，"致知"是良知一下子开启，豁然开朗了。在十件事情上做格物的工夫，如果九件都做得很通透完善，剩下一件事不通透不完善，并没什么妨碍；但是如果对一件事儿只做了九分，剩下一分不知该怎么做，却不行。每件事要尽可能做到十分通透完善。

格物是零星说，致知是顿段说。格物十事，格得九事通透，一事未通透，不妨；一事只格得九分，一分不通透，不可。须穷尽到十分处。

♡ 陆景邺

陆景邺

"格"就好比是格子的"格",原本就是方方正正的,没有一丝一毫不周整的地方。

▮"格"如格子之"格",原是方方正正,无些子不到。

♡ 张岱

张岱

既说了"先",接着又说"后",这并不是啰嗦和累赘。圣贤教诲后人,就好像老太太教孩子数一座塔有多少层:一层层地数上来,又一层层地数下去。有了这一层,才有那一层,要数到那一层,先要数过这一层,一丝一毫的错乱都不行。这其实是让我们打起全副的精神,从脚下一步步地开始做。

▮既说"先"又说"后",不是复语。圣贤教人如老媪教孩子数浮屠:一层层数上来,又一层层数下去。有这层,就有那层,正见得有那层,先有这层,一毫参差不得。要人把全体精神,从脚跟下做起也。

♡ 饶双峰　徐子卿

饶双峰

上一节是就八条目逆推修学的工夫，后一节是就八条目顺推做好工夫以后的成效。

📖 上一节就八条目逆推工夫，后一节，就八条目顺推效验。

李崆峒

对家说齐，"齐"字的意思是，要排除感情亲疏的干扰，像用刀割草一样，不能参差不齐；对国家说治，"治"字的意思是，理清头绪分别对待，像整理一团乱麻那样，不能生拉硬扯；对天下说平，"平"字的意思是，要根据天下人的不同好恶，尽可能公平地对待，像平整道路一样，不能有高有低。这三个字，反映的是大小远近的差别。

📖 家曰"齐"，恩断义也，如刀切草。国曰"治"，绪而分之也，如理乱丝。天下曰"平"，因其好恶而均之也，如平道涂。斯大小远近之义乎！

徐子卿

有人问：心是一切的根苗，念头是从心的根苗里生发出来，怎么反而要说"欲正心者，先诚其意"呢？我的回答是：谷子确实是从根苗上长出来的，但是在播种时却都又从谷子中滤洗选出种子。如果理解不到这一层，不管是说根苗还是说枝叶，都是糟粕。

> 或问心是根苗，意是从心根苗里发出，如何倒说"欲正心者，先诚其意"？余云：谷子也从苗上发生的，布种时都是从谷子滤洗。若不会得，则言根言叶，总是糟粕一般。

♡ 张岱　艾千子　董日铸

徐子卿

大学里讲"修身为本"，并不是说，如果修养身心这个根本不够严整，具体的事情就绝对处理不好；也不是说修养好的人齐家治国平天下的成效大，修养不好的人齐家治国平天下的成效就绝对小。循序渐进地说可以，一下子说破也可以，粗略地说可以，精细地说也行。我们的身心总归只是一个整体，如果心端正清明了，还有什么会不端正呢？究竟地说起来，就如庄子所指出的，瓦片和屎尿哪一样不蕴含着至高的道理呢？古代的天隐禅师听见驴叫，香严禅师听见石头砸到竹子上的声音，都能够顿时开悟，心与物哪里有什么隔阂呢？怕的是你们领会错了朱子的意思，真的在一件件具体事

《四书遇》导读

物上寻觅大道，这样的话，即便你最后无所不知，也只是变成一本活字典，到白发苍苍了，对古人的真实之学仍然没有入门，太悲摧了！你还真怪不到朱子的头上。

▨ 非谓本乱而末决不治，厚薄而薄决不厚。零说可以，顿说可以，粗说可以，精说，吾心也是一物，若格得吾心了了，此外有何物？究竟起来，瓦甓屎溺，孰非神理？古人闻驴击竹，悉证妙悟，岂得于此更生隔阂？但患认朱子意差，真个于物上寻讨，饶君遍识博解，胸中只得一部《尔雅》，有白首而不得入古人之学，为可悲耳。要非可以病朱子也。

♡ 张岱

张岱

仔细玩味《大学》第一章的经文和后面十章传文，格物的"物"字，分明和上文"物有本末"相呼应；格，是要格那个根本，所以《大学》第五章的传文里指出："此谓知本，此谓知之至也。"分明是以"知本"作为"格物"的内容，可是 @朱熹却非说这儿缺了字，说："此句之上别有阙文，此特其结语耳。"而且他又给加了个解释"知本"的所谓补传，这不是多此一举吗？ "物格"，"知至"，本是一件事，所以《大学》中单独点出一个致知"在"格物。

细玩经文及传，此"物"字分明与上"物有本末"照应；格，是格个本耳，故传曰："此谓知本，此谓知之至也"。传分明以"知本"当"格物"，而宋儒以为阙文，得无多此一补传乎？"物格"，"知至"，是一件事，故独曰"在"。

♡ 艾千子

张岱

格物是从睡梦中醒来的关口，诚意是区分人与鬼的关口。过了这两关，再向上的工夫就会一节比一节容易。到了治国平天下的阶段，局面更加开阔，但仍然要从移步换影的每一个刹那，对事情进行缜密的分析。若非甘于寂寞苦空的人，谁能懂得其中奥秘呢？

格物是梦觉关，诚意是人鬼关，过得此二关，上面工夫，一节易如一节了。至治国平天下，地步愈阔，但须从移步换影之处，劈肌分理，非寂寞苦空人，谁能解得？

董日铸

"诚意"的功夫,既不难也不容易。如果认为它很容易,恐怕是把感觉和见识当成了本体,好比是猫头鹰生出了雏鹰,雏鹰反过头来把母亲吞掉了。如果认为它太难,恐怕是想排除感觉和见识去寻觅本体,又好比是手里提着灯笼到处找火。这两种情况,都希望能做到"诚意",最终却必然一无所得。所以在它之前要先"致知"。清楚地知道怎样做事,就好比从沙子里淘出宝珠,粒粒成真。意有不诚,就会什么也得不到。

先儒对于"格物"二字意见分歧,莫衷一是。@朱熹说"今日格一物,明日格一物",向初学的人指出一个下手的工夫,其实也是可以的。即使你把那些细枝末节处理得再好,也会发现对大局没什么用;修养不深厚的人即使去治国平天下,成效也好不到哪儿去。不过依据《吕览》和《月令》中的方法来施政,从来没有不得当的举措;善于甄拔人才的山涛担任晋朝吏部尚书,从不错失人才。怎么能说格物不管用呢?

▰ "诚意"之功,非难非易。看得太易,恐认情识作本体,是枭爱子;看得太难,恐祛情识寻本体,是提灯觅火。此皆有志于"诚意"而卒失之。所以先之以"致知"。知彻之后,如淘沙得宝,粒粒成真,且有不诚而不可得者矣。

"格物"二字,先儒于此,几成聚讼。朱子"今日格一物,明日格一物",也只是对初学人立下手工夫,其实可以也。那末处任治,原不中用;薄处任厚,只是厚不得耳。《吕览》《月令》,曾无秕政;山公吏部,何忧失人?究竟济事不济事?

♡ 张岱　艾千子　山涛　朱熹

· 小掌故 ·

明德之教

　　舜帝自幼家境清贫，颠沛流离，为养家糊口而到处奔波。他曾经在历山(今山西运城市芮城县东)耕耘种植，在雷泽(在今山西永济市首阳乡)打渔，在黄河之滨制作陶器。

　　到20岁的时候，舜在各方面都表现出卓越的才干和强大的人格力量，只要是他劳作的地方，便兴起礼让的风尚；制作陶器，也能带动周围的人认真做事，大大减少粗制滥造的现象。因此，他受到人们的广泛称扬。

　　尧向四方诸侯之长四岳征询继任人选，四岳就推荐了舜。尧将两个女儿嫁给舜，以考察他的品行和能力。舜不但使两位夫人与全家和睦相处，而且他到了哪里，人们都愿意追随，因而"一年而所居成聚(聚即村落)，二年成邑，三年成都(四县为都)"。经过多方考验，尧终于认可了舜，就选择吉日举行大典，禅位于舜。

　　舜虽然做了天子，但是生活仍然十分简朴，而且懂得包容。他的炊具和盛饭的器皿都是瓦做的，也很少吃肉，但是并不禁止人民使用精美器具或者吃肉；他经常穿着粗陋的衣服和围领，但并不禁止民间裁制和穿戴华丽的衣服。正因如此，他很快得到了四方百姓的归附。

康诰章

《大学》原典

康诰曰："克明德。"大甲曰："顾諟天之明命。"帝典曰："克明峻德。"皆自明也。

译文 《尚书·周书》中的《康诰》篇中说："（周文王）能够弘扬光明的美德。"《尚书·商书》中的《大甲》篇中说："（商汤）念念不忘这上天赋予的光明禀性。"《尚书·虞书》中的《帝典》篇中说："（帝尧）能够弘扬广大的美德。"文王、成汤、帝尧三位圣者，都是自己努力修明其美德。

《四书遇》原文

（朱子大学章句）右传之首章。释明明德。

《康诰》直指其体，《伊训》更推其原，《帝典》则极言其量之大。盖本乎心，原于天，包乎四表，上下明德也，而新民至善已寓矣。帝王明德，灯若相续，薪则各燃。自性，自反，自认，自惺，不由授受，故曰"皆自明也"。

汤霍林曰：此章不是解"明德"，是解"大人之学在明明德"。尧、汤、文都是古来大人，德一也。禀诸性曰"德"，赋诸天曰"命"，指其虚灵曰"明"，形其高大曰"峻"，总之只是明德。

"自"字，善发者多矣，却尽粘住尧、汤、文王，不知此特借三圣标个样子。前乎千古之天子庶人，后乎千古之天子庶人，榜样皆如此。

朋友圈纵横谈（▇为原文）

朱熹

这是《大学》传文的头一章，解释上面经文中"明明德"的意思。

▇ 右传之首章。释明明德。

张岱

《康诰》篇是直接指出圣人的美德之体，《伊训》篇（即《太甲》）进一步展开说这种美德来源于上天，《帝典》则点出美德是无限广大的。光明的美德以心为体，来源于天，包罗上下四方，这样的美德，已经把关爱民众和至善境界包含于其中了。历代圣王彰显其光明美德，就像灯火相续，递传不熄，而每个时代所燃烧的薪柴却又各自不同。这种美德是圣人的自性，他们自己反省，自己体认，自己领会，不是别人送给他们的。所以传文中说，圣人都自己努力修明其美德。

▇ 《康诰》直指其体，《伊训》更推其原，《帝典》则极言其量之大。盖本乎心，原于天，包乎四表，上下明德也，而新民至善已寓矣。帝王明德，灯若相续，薪则各燃。自性，自反，自认，自惺，不由授受，故曰"皆自明也"。

♡ 伊尹　周文王

汤霍林

　　这一章不是用来解释"明德"的,而是解释"大人之学在明明德"的。 @帝尧、 @商汤和 @周文王都是古代的伟大人物,他们的美德是一样的。他们从本性中所禀承到的叫做"德",上天所赋予他们的叫做"命",说明它的空灵叫"明",形容它的高大叫"峻",总而言之都是光明的美德。

　　此章不是解"明德",是解"大人之学在明明德"。尧、汤、文都是古来大人,德一也。禀诸性曰"德",赋诸天曰"命",指其虚灵曰"明",形其高大曰"峻",总之只是明德。

♡　帝尧　商汤　周文王　张岱

张岱

　　对于"皆自明也"一句中的"自"字,前人发挥解释了很多,却都是抓住 @帝尧、 @商汤和 @周文王来做文章,却不知这句的本意是借三位圣人给大家树立显明美德的榜样,无论以前的天子和普通民众,直至以后的天子和普通民众,都要以他们为榜样。

　　"自"字,善发者多矣,却尽粘住尧、汤、文王,不知此特借三圣标个样子。前乎千古之天子庶人,后乎千古之天子庶人,榜样皆如此。

♡　帝尧　商汤　周文王

· 小掌故 ·

太甲悔过

太甲是商朝第四位君主，开国君主商汤的嫡长孙。

太甲继位之初，由四朝元老伊尹辅政。伊尹写了《伊训》《徂后》等几篇文章，教导太甲努力做一位明君。太甲继位后的前两年还能谨慎行事，但从第三年起，就开始一味享乐，盘剥百姓，朝政昏乱。

宰相伊尹百般规劝，太甲都听不进去。于是伊尹就将他禁闭在商汤墓地附近的桐宫（今河南省偃师县西南），让他自己反省，史称伊尹放太甲。

太甲在桐宫三年，悔过自责，伊尹又将他迎回亳都（今商丘谷熟镇），还政于他。重新当政的太甲能明德修身，诸侯都归顺于他，百姓得以安居乐业。

盘铭章

《大学》原典

汤之盘铭曰:"苟日新,日日新,又日新。"康诰曰:"作新民。"诗曰:"周虽旧邦,其命维新。"是故君子无所不用其极。

译文　商王朝的开国之君商汤王,在自己的洗澡盆上刻上一句铭文:"如果能从今天开始涤故更新,就应天天更新,更要持续不断地每天更新。"《尚书·康诰》说:"要改变旧习气,成为一个新的人。"《诗·大雅·文王》说:"周国虽然是一个旧的邦国,但它承受的使命却是新的。"所以,没有一个君子是不尽心竭力追求至善境界的。

《四书遇》原文

(朱子大学章句)右传之二章,释新民。

今人看日新,如数今日、明日、后日,于"苟"字不着精神,下文几成赘语。语气犹云:"倘不日新则已,苟日新,必须日日新,又日新。"下二语正完得个"日新"。"苟"字线索才提得起。

"作新民","作"字甚有连属,从我而作也。鼓者一倦,舞者罢矣。

服事无改于旧,眷顾已锡乎新。新命只从文德缉熙中看出,非革命之说也。得之。

夏九范曰:新新不已,便是极处。

朋友圈纵横谈（▮为原文）

朱熹

这是《大学》传文的第二章,解释上面经文中"亲民"的意思。

▮ 右传之二章,释新民。

张岱

今天有人学习"日新",就掰着手指头数今日、明日、后日,却不把精力放在"苟"字上,这样下面几句就成了废话。其实,这句话的意思是说:"倘不涤故更新则已,一旦开始更新,就必须天天更新,持续不断地每天更新。"有了下面这两句,才是"日新"的完整意思,才能抓住"苟"字这个线索。

"作新民"的"作"字十分关键,意思是要从自己做起。击鼓的人一懈怠,跟着鼓点跳舞的人也就松懈下来了。要把自己当作击鼓的人,以身作则。

在周文王仍旧臣服听命于商朝时,上天的垂爱眷顾已经转移到新兴的周国。新的天命,从周文王的光明美德中已经反映出来,并不像有人说的要通过周朝取代商朝来证明。这样理解才对。

> 今人看日新,如数今日、明日、后日,于"苟"字不着精神,下文几成赘语。语气犹云:"倘不日新则已,苟日新,必须日日新,又日新。"下二语正完得个"日新"。"苟"字线索才提得起。
>
> "作新民","作"字甚有连属,从我而作也。鼓者一倦,舞者罢矣。
>
> 服事无改于旧,眷顾已锡乎新。新命只从文德缉熙中看出,非革命之说也。得之。

♡ 商汤　周文王

夏九范

> 更新不已,永无止息,就是君子竭尽全力追求至善境界的体现。
>
> 新新不已,便是极处。

♡ 张岱

· 小掌故 ·
成康之治

周康王姬钊是西周第三位君主,周武王之孙,周成王之子。周成王临终前,担心太子姬钊不能胜任君位,命召公奭、毕公高率领诸侯辅佐。

康王即位后遍告诸侯,向他们宣告周文王、周武王的事业,以申诫诸侯,写下《康诰》。他在召公、毕公辅佐之下,继续推行周成王的政策,进一步加强统治,先后平定东夷大反,北征略地,并且西伐鬼方。《小盂鼎》铭文所记对鬼方征讨,斩杀5039人,俘获4名首领及以下13000多人——这个记载出自青铜器上的铭文,是非常珍贵的第一手资料。

周成王至周康王时期,天下安定,40多年没有使用刑罚,史称成康之治。

【邦畿章】

《大学》原典

诗云:"邦畿千里,惟民所止。"诗云:"缗蛮黄鸟,止于丘隅。"子曰:"于止,知其所止,可以人而不如鸟乎!"诗云:"穆穆文王,於缉熙敬止!"为人君,止于仁;为人臣,止于敬;为人子,止于孝;为人父,止于慈;与国人交,止于信。

诗云:"瞻彼淇澳,菉竹猗猗。有斐君子,如切如磋,如琢如磨。瑟兮僩兮,赫兮喧兮。有斐君子,终不可諠兮!"如切如磋者,道学也;如琢如磨者,自修也;瑟兮僩兮者,恂栗也;赫兮喧兮者,威仪也;有斐君子,终不可諠兮者,道盛德至善,民之不能忘也。

诗云:"於戏,前王不忘!"君子贤其贤而亲其亲,小人乐其乐而利其利,此以没世不忘也。

译文 《诗经·商颂·玄鸟》说:"商朝的中兴天子武丁管辖的广阔国土,都是人民安居乐业之处。"《诗·小雅·绵蛮》说:"小小黄鸟,也把山坳丛林作为栖止之处。"孔子解释说:"在这一点上,黄鸟都知道要选择善地以自处,人怎么可以不如鸟呢?"《诗·大雅·文王》又说:"仪容端庄美好的周文王,以光明的德行庄敬安住。"周文王在国君的位置上,就安住于仁爱;在大臣的位置上,就安住于敬服；在儿子的位置上，就安住于孝道；在父亲的位置上，就安住于慈爱；他和人交往，就安住于信义。

《诗·卫风·淇澳》上说："瞧那淇水河湾边，绿竹婀娜茂盛。有美德和文采的君子，像切磋琢磨骨角玉石一样地治学修身。他又庄严又宽容，又威严又显赫。有美德文采的君子，终究是不会被人忘记的。""如切如磋"，说的是卫国的英明君主卫武公治学严谨。"如琢如磨"，说的是他提高修养的功夫。"又庄严又宽容"，说的是他谨慎戒惕的态度。"又威严又显赫"，说的是他仪表有威严的气概。"有美德文采的君子，终究是不会被人忘记的"，是说他所拥有的美德达到了至善的境界，而民众都不会忘记的。

《诗·周颂·烈文》上说："啊！前代的君王是不能忘记的。"后世的君子敬仰周文王和周武王宏大的美德，热爱他们所创立的事业，普通百姓也受惠于他们的恩泽，享受安居乐业的快乐，所以他们永远不会被后人忘记。

《四书遇》原文

（朱子大学章句）右传之三章。释止于至善。

《诗》用"止"字，犹《楚词》用"些"字，语助耳。传引之以释"止至善"，遂重言"止"矣。非谓敬以止于至善，政于敬止，想见其至善耳。

文王止孝、止敬，夫子未能事父事君，止原无止。望道未见，仍是未能，此千圣合同心法。

"君子"朱注明说是"后贤后王"，近日都属之宗室，不是。"贤其贤"，是异姓诸王也；"亲其亲"，是同姓诸王也。君子句的属封建，小人句的属井田。乐乐利利，读《豳风》诸诗可见。

朋友圈纵横谈（▓为原文）

朱熹

> 这是《大学》传文的第三章，解释上面经文中"止于至善"的意思。
>
> ▓ 右传之三章。释止于至善。

张岱

《诗经》中"惟民所止"和"止于丘隅"两句中的"止"字，就像《楚辞》中所用的"些"字，是语气助词。不过《大学》传文引用这两句来解释"止至善"，所以把"止"当作实词着重使用。但并不是说，做到敬服就可以抵达并安住于至善，而是从他安住于敬服之一点上，推想其至善境界。

@周文王服事父亲和天子，能够以孝道和敬服为归止；@孔子3岁时父亲就去世，没有机会服事父亲和天子，但他所归止的道却同样没有止境。望道而未见，也是说不能见道之全体。止而无止，可以说是所有圣人共同的心法。

对于传文中"君子贤其贤而亲其亲"的君子，@朱熹明确说是指的"后贤后王"，一概地说成是王室，应该不对。"贤其贤"，指的应该是异姓诸王；"亲其亲"，才是指的同姓诸王。君子，指的是封王建国的那些贵族，而接下来"小人乐其乐而利其利"一句中的小人，指的是那些分配到井田耕种的庶民。他们得到恩惠而安居乐业的情形，读一读《诗经》中描写他们生活的《豳风》系列诗歌，就可以知道。

《诗》用"止"字，犹《楚词》用"些"字，语助耳。传引之以释"止至善"，遂重言"止"矣。非谓敬以止于至善，政于敬止，想见其至善耳。

文王止孝、止敬，夫子未能事父事君，止原无止。望道未见，仍是未能，此千圣合同心法。

"君子"朱注明说是"后贤后王"，近日都属之宗室，不是。"贤其贤"，是异姓诸王也；"亲其亲"，是同姓诸王也。君子句的属封建，小人句的属井田。乐乐利利，读《豳风》诸诗可见。

♡ 周文王　孔子　屈原

·小掌故·

卫武中兴

卫武公是卫国第十一代国君,在位时期自儆励治,百采众谏,察纳忠言,使百姓和睦安定。他主政达55年,90多岁还亲自临政,德高望重,受到从周天子到普通百姓上下一致的称道,誉为高风亮节的典范。

卫武公四十二年,犬戎杀周幽王,已经83岁的卫武公率兵勤王,协助周平王平定犬戎,因此升为公爵。卫武公去世后,卫国一度成为可以抗衡郑庄公、齐僖公小霸局面的国家。人们感念他的道德文章,传诵诗歌《淇澳》,颂扬他的高风大德。

听讼章

《大学》原典

子曰："听讼，吾犹人也，必也使无讼乎！"无情者不得尽其辞，大畏民志，此谓知本。

译文 孔子说："审理案件，我会将心比心地理解当事人的状态和诉求，尽最大努力让双方各得其所，不再争讼。"不让那些无理者胡搅蛮缠地狡辩，使人民生起敬畏心。这才叫知道根本。

《四书遇》原文

（朱子大学章句）右传之四章，释本末。

《大学》中颇多错简。《礼记》蔡氏所定传文，所谓致知在格物，在物有本末，事有终始，知所先后则近道矣。知止而后有定，定而后能静，静而后能安，安而后能虑，虑而后能得。子曰"听讼吾犹人也，必也使无讼乎？"无情者不得尽其辞，大畏民志，此谓知本，此谓知之至也。二语不作衍文。

问："知本"如何将听讼来说？岂先亲民而后知本乎？非也。此是粘出一段话头，令人默想宗本。且如"无情"之人，不畏法，不畏议，如何使得"大畏"，"不得尽其词"？此处正是"东边日出西边雨，说道无情又有情。"参破此地，自透宗本，千蹊万径，摄归一处，何物碍心？此谓物格，此谓知之至也。

司寇之职，以五声听狱讼，求民情。一曰辞听，出言不直则烦。二则色听，面貌不直则赧。三曰气听，气息不直则喘。四曰耳听，听闻不直则惑。五曰目听，眸子不直则眊。

张侗初曰："大畏民志"，格物也。"此谓知本"，物有本末之本也。物格而后知至矣，故曰"此谓知本，此谓知之至也"。此正是释格物致知，直捷痛快，不须蛇足。

朱子以此传为释本末，尚少一释终始传。

虞芮之君，谓吾所争，周人所耻，岂不"大畏"？

"以其昏昏，使人昭昭"。人知求之民而已，抑末也。圣人知其所以使者固应在我，此谓"知本"。

朋友圈纵横谈（▨为原文）

朱熹

> 这是《大学》传文的第四章,是解释经文中"本末"的意思。
>
> ▨ 右传之四章,释本末。

张岱

> 现在通用的朱子版《大学》有不少次序错乱的地方。大学问家 @蔡元定所定的《礼记》传文中,本章的内容是"致知在格物,在物有本末,事有终始,知所先后则近道矣。知止而后有定,定而后能静,静而后能安,安而后能虑,虑而后能得。子曰'听讼吾犹人也,必也使无讼乎?'无情者不得尽其辞,大畏民志。此谓知本,此谓知之至也。"最后这两句,并不如 @程颐和 @朱熹所说的是多余出来的衍文。
>
> ▨ 《大学》中颇多错简。《礼记》蔡氏所定传文,所谓致知在格物,在物有本末,事有终始,知所先后则近道矣。知止而后有定,定而后能静,静而后能安,安而后能虑,虑而后能得。子曰"听讼吾犹人也,必也使无讼乎?"无情者不得尽其辞,大畏民志。此谓知本,此谓知之至也。二语不作衍文。

♡ 蔡元定

《四书遇》导读

张岱

有人问："知本"怎么会通过听讼的事情来讲解呢？难道是先关爱民众才知本吗？（编注：朱熹认为中间少了对"知本"的解释，所以在"听讼"章后面添加了"知本"章。张岱不以为然。）不是这么回事。"听讼"这一章是引出一个话头，让人默想修学的根本在哪里。这一章传文中所说的"无情"之人，既不畏惧法律，也不害怕舆论，怎样才能让他"生起敬畏心"，"不能胡搅蛮缠地狡辩"呢？这儿恰恰正是"东边日出西边雨，说道无情又有情。" @刘禹锡一旦领悟到这其中的奥秘，自然也就明白了根本。千万条道路，最后都归结到一个问题：是什么东西遮蔽了心？这就是为善去恶，这就是抵达心本具的良知。

司法官员的工作，就是用"五听"来审理案件和了解民情。第一是根据当事人的言语来判断，如果理亏就会有说得又空洞又罗嗦；第二是根据他的神色判断，如果理亏就会因羞愧而脸红；第三是根据他的气息来判断，如果理亏，呼吸就会短促急迫；第四是根据他的反应来判断，如果理亏就会对什么都狐疑不信；第五是根据他的眼神来判断，如果理亏就会散乱失神。

> 问:"知本"如何将听讼来说?岂先亲民而后知本乎?非也。此是粘出一段话头,令人默想宗本。且如"无情"之人,不畏法,不畏议,如何使得"大畏","不得尽其词"?此处正是"东边日出西边雨,说道无情又有情。"参破此地,自透宗本,千蹊万径,摄归一处,何物碍心?此谓物格,此谓知之至也。
>
> 司寇之职,以五声听狱讼,求民情。一曰辞听,出言不直则烦。二则色听,面貌不直则赧。三曰气听,气息不直则喘。四曰耳听,听闻不直则惑。五曰目听,眸子不直则眊。

♡ 刘禹锡

张侗初

> 在这一章,"大畏民志"——提高民众的敬畏之心,就是为善去恶的"格物"。"此谓知本"的本,也就是"物有本末"的本。做到了为善去恶,就可以到达心中的良知,所以说"此谓知本,此谓知之至也"。这正是对格物致知的解释,直捷痛快,不需要 @朱熹再画蛇添足地篡改。
>
> "大畏民志",格物也。"此谓知本",物有本末之本也。物格而后知至矣,故曰"此谓知本,此谓知之至也"。此正是释格物致知,直捷痛快,不须蛇足。

♡ 张岱

张岱

　　如果照 @朱熹的说法，这一章是解释经文中的"物有本末"，那是不是还少一章解释"事有终始"呢？

　　📖 朱子以此传为释本末，尚少一释终始传。

张岱

　　周文王做西伯的时候，邻国的虞国和芮国的君主因为土地而纷争不休，到周国请文王裁决。到了周国境内，他们发现，他们这种纷争恰恰是周人耻于去做的，于是马上就和解了。这不正是"大畏"——"生起敬畏之心"吗？

　　📖 虞芮之君，谓吾所争，周人所耻，岂不"大畏"？

♡ 周文王　虞君　芮君

张岱

　　"以其昏昏，使人昭昭"——有人自己都没有搞清楚，却想去使别人明白，只希望民众能够做到，终归是舍本逐末。圣人知道，要让他们做到的原因还是在于自己的心，这才是"知本"。

　　📖 "以其昏昏，使人昭昭。"人知求之民而已，抑末也。圣人知其所以使者固应在我，此谓"知本"。

· 小掌故 ·

孔子听讼

孔子曾任鲁国的大司寇，相当于鲁国的最高法院院长。《史记》中记载，孔子审理案件，撰写判决书，有能够共同商量的人时，他都是合议决定，而从不擅做决断。

一次，鲁国有一个人和自己的父亲打官司。执政大臣季康子提议："把这个不孝的儿子杀了。"

孔子说："不可以杀。普通百姓不知道儿子告父亲不是好事，已经很久很久了，这是官员的过错啊。如果官员有道义，那么父子相讼的事情就不会有了。"

季康子说："治理百姓以孝道为本，现在杀掉一人而惩诫不孝之徒，不好吗？"

孔子说："不先用孝道来教化就采用杀戮的方式，这是暴虐地杀害无辜。三军打了败仗，不可因此而杀掉军兵；诉讼之事处理得不公正，不可因此而用刑罚进行惩罚。……几尺高的墙，连成年人也爬不过去；几百尺高的山，连孩子也可以一步步登上山顶。这是因为循序渐进。现在，仁义已经衰落很久很久了，百姓怎会不违背仁义呢？《诗经》中说：使民不会迷心性。以前的君子引导百姓而使百姓不迷失心性，因此可以不用威严暴戾之法，设置了刑罚却可以不使用。"

那个打官司的儿子听说了孔子的话之后，就主动撤诉了。

【知本章】

《大学》原典

（朱子大学章句）右传之五章，盖释格物、致知之义，而今亡矣。闲尝窃取程子之意以补之曰："所谓致知在格物者，言欲致吾之知，在即物而穷其理也。盖人心之灵莫不有知，而天下之物莫不有理，惟于理有未穷，故其知有不尽也。是以大学始教，必使学者即凡天下之物，莫不因其已知之理而益穷之，以求至乎其极。至于用力之久，而一旦豁然贯通焉，则众物之表里精粗无不到，而吾心之全体大用无不明矣。此谓物格，此谓知之至也。"

译文　这本是传文的第五章，是为了解释格物致知的含义，但是已经遗失了。近来我私自揣测程子的意思，把它补充完善如下："所谓致知在于格物的意思，是说想要获得知识，就必须根据具体事物穷究其理。人的心是具有灵性的，而万事万物也具有自身的规律，只是我们没有用自己的理性去穷究这些规律，所以知识便不全面。因此《大学》开篇明义，就让学习者根据自己的知识背景，穷究天下事物之理，以求达到明理知性，通达完美。下的功夫久了，就会豁然开朗，融会贯通，许多事物的里外和粗精都一清二楚，而自己心灵的终极追求无所不明了。这就是格物的意思，这就是到达极致的理性。

《四书遇》原文

以"古之欲明明德"直接在"止于至善"之下，直截痛快，不必更为补传。

《四书遇》导读

朋友圈纵横谈（▬为原文）

张岱

> 把《圣经章》的"古之欲明明德"这几句，接在"止于至善"之下。这样的顺序直接痛快，根本不需要补什么解释。@朱熹按自己的理解，认为《大学》在流传过程中丢了"格物致知"的传文，于是自己添加什么"补传"，纯粹是多此一举。
>
> ▬以"古之欲明明德"直接在"止于至善"之下，直截痛快，不必更为补传。

·小掌故·

阳明格竹

王阳明21岁时，读了朱子遗书，看到其中说"一草一木，皆涵至理"，于是萌生格物的念头。恰好府中多竹，他就同一个姓杨的朋友坐在亭前，面对着竹子，目不旁视，全神贯注地体会关于竹子的道理。一天过去了，两天过去了，到了第三天，姓杨的朋友病倒了。王阳明依然面对竹子静坐体会。三天、四天过去了，五天、六天过去了，还是没有一点效果。到第七天，王阳明也病倒了，同样被人抬了下去。

晚年时，他在讲学中聊起这个故事，认为对格物的理解从"即物"上转向"内求于心"。

诚意章

《大学》原典

所谓诚其意者:毋自欺也,如恶恶臭,如好好色,此之谓自慊。故君子必慎其独也!小人闲居为不善,无所不至,见君子而后厌然,揜其不善,而著其善。人之视己,如见其肺肝然,则何益矣。此谓诚于中,形于外,故君子必慎其独也。曾子曰:"十目所视,十手所指,其严乎!"富润屋,德润身,心广体胖,故君子必诚其意。

译文　所谓诚意,就是不自欺。就像人闻到恶臭和看到美好的事物时,本能地就会厌恶和喜欢,从而心安理得。因此,君子必须在起心动念时有所自觉。小人在无人监督时会做不好的事,没有什么做不出来的;但是一旦遇到君子,马上把不好的掩盖起来,而显示好的一面。虽然别人可能看不到,但是小人看自己的内心活动,就像了解自己的肺肝脾肾一样,掩盖又有什么用呢?人在起心动念时无法自欺,在外也必然有所表现。所以君子必须在起心动念时有所自觉。曾子说:"所有人的眼睛都在注视着你,所有人的手都指着你,可谓监察严密吧?"(但这种外在监察,还是不如起心动念时自觉更好)。人有点钱就可以住上富丽堂皇的房子,可是只有美德才可以滋养温润自己的身心。心胸坦荡可以使身体安适,所以君子一定使自己的意念真诚。

《四书遇》原文

(朱子大学章句)右传之六章。释诚意。

意者，心之动。其实心无离意之时，虽默坐眠梦都有觉在。所以说善澄水者，去垢不去波；善正心者，去妄不去意。先儒训诚以实，似也；不若《中庸》解"诚者，自成也"，有见成天不容伪之意。即如《易》言无妄，而行有眚者，正为于见成处不合也。知此训者于"诚意"思过半矣。

章中"慎独"，即"毋自欺"；"毋自欺"，即是"自慊"；"自慊"即是"诚意"。不可以"慎独"为"诚意"下手工夫。如此，是于八条目外，又生一目矣。

若看做人之视之，又宽一走矣。最妙是本文一"己"字，乃小人自家肚里瞒不过。吹毛求疵，洗垢索瘢，何与人事？"何所不至"，良心澌灭殆尽了。一见君子，忽然暴露，掩不善著善，俨然是恶恶臭、好好色的真光景。当下回头，就可立地成佛。正如石沉海底，火性千年不灭；斧声铮然，一触便现。照天耀地，也只是这点。

张元岵曰：石沉海底，火性不灭。一扑便见，一现便能燎原。厌然之性正是佛性。儒门十目十手，佛家千手千眼，所谓"独"也。

"此之谓自慊"，《易》象曰："谦，君子以称物平施。"盖好恶得平，非徒好为逊下而已。

徐子卿曰：或问"自慊"，余云：好生于色，恶生于臭。却又道不是色，不是臭，止是自慊。所以意未触时，本实圆满在。若说见好色方好之尽，恶恶臭方恶之尽，又是从用处模拟，不着根苗，即于"意"字了无干涉。

朋友圈纵横谈（▬为原文）

朱熹

> 这是《大学》的传文第六章，解释经文中"诚意"的意思。
>
> ▬ 右传之六章。释诚意。

张岱

> 意念，是心有所发动时的表现。其实心从来没有一刻是不产生意念的，即使在默然而坐甚至沉睡入梦时，都会有意念出现。所以说，善于把水变澄清的人，只会去除水中的污垢，而不会企图连水波也消除；善于使内心保持中正的人，只会去除心的妄动而不会企图消灭意念活动。
>
> ▬ 意者，心之动。其实心无离意之时，虽默坐眠梦都有觉在。所以说善澄水者，去垢不去波；善正心者，去妄不去意。

张岱

> 以前的儒家读书人把"诚"解释为"实"，似乎有道理，但是不如《中庸》的解释更准确："诚者，自成也" @子思——诚就是自我成就，

有一层意思是说诚是人本来现成的，上天不容许进行矫饰。比如《周易》中所说的"无妄而行有眚者"——没有妄为却遭受灾祸，就是因为还不完全符合现成的诚啊。知道了"诚"的这一层意思，那么对于"诚意"也就领悟一大半了。

> 先儒训诚以实，似也；不若《中庸》解"诚者，自成也"，有见成天不容伪之意。即如《易》言无妄，而行有眚者，正为于见成处不合也。知此训者，于"诚意"思过半矣。

♡ 子思　周文王

张岱

本章中的"慎独"，也就是"毋自欺"。"毋自欺"，也就是"自慊"。"自慊"，也就是"诚意"。我们不要认为"慎独"是"诚意"的下手工夫，否则，就是在《大学》的"格物、致知、诚意、正心、修身、齐家、治国、平天下"这八条目之外，又派生出一个来。

> 章中"慎独"，即"毋自欺"；"毋自欺"，即是"自慊"；"自慊"即是"诚意"。不可以"慎独"为"诚意"下手工夫。如此，是于八条目外，又生一目矣。

张岱

如果把本章的"人之视己"看成"人之视之",就又理解偏了。这句用得最巧妙的就是这个"己"字,乃是小人自己无法隐瞒。即便别人吹毛求疵,挑剔缺点,和小人自己又有什么关系呢?"何所不至"的意思是,小人的良心消失殆尽,一遇到君子,忽然间暴露,马上把不好的掩盖起来,而显示好的方面。这俨然就像是讨厌恶臭而喜欢美好事物的真实情形。当下回头向善,就可以立地成佛。正如石头沉入海底,但是它能够引燃火的潜能,却历经千年而不消失;用斧子一敲,一下子就会冒出火星来。熊熊大火燃烧起来能够照彻天地,但最开始时也就只是这一点点潜能。

若看做人之视之,又宽一走矣。最妙是本文一"己"字,乃小人自家肚里瞒不过。吹毛求疵,洗垢索瘢,何与人事?"何所不至",良心渐灭殆尽了。一见君子,忽然暴露,掩不善著善,俨然是恶恶臭、好好色的真光景。当下回头,就可立地成佛。正如石沉海底,火性千年不灭;斧声铮然,一触便现。照天耀地,也只是这点。

♡ 张元岵　佛陀

张元岵

　　石头沉入海底，但是它能够点火的潜能却不会消失；一敲就能冒火星，一点燃就能变成燎原大火。@张岱小人掩饰不善行为的那点动机，就是所谓的佛性。儒家讲"十目所视，十手所指"，佛家讲"千手千眼"，都是说的那个"独"。

　　▌石沉海底，火性不灭。一扑便见，一现便能燎原。厌然之性正是佛性。儒门十目十手，佛家千手千眼，所谓"独"也。

♡ 张岱

张岱

　　"此之谓自慊"——这就是所谓的自足于心、心安理得。慊通谦，《周易》的象辞中说："谦，君子以称物平施。"——谦，君子依据它来权衡各种事物，公平地对待。公平地对待喜欢和厌恶的人，并不仅仅是一味地谦下。

　　▌"此之谓自慊"，《易》象曰："谦，君子以称物平施。"盖好恶得平，非徒好为逊下而已。

♡ 周文王

徐子卿

有人问"自慊"的意思，我说：喜欢是因美好事物而起，厌恶是因恶臭而起，同时又说根源不在美好事物和恶臭上头，只是不违于心。所以人的意念未接触事物时，潜在的能力已经圆满俱在。如果说见到美好事物以后才有喜欢，闻到恶臭以后才有厌恶，就是从对象那儿模拟猜想，没有找到本源，也就和"意"字没有什么关系了。

■ 或问"自慊"，余云：好生于色，恶生于臭。却又道不是色，不是臭，止是自慊。所以意未触时，本实圆满在。若说见好色方好之尽，恶恶臭方恶之尽，又是从用处模拟，不着根苗，即于"意"字了无干涉。

· 小掌故 ·

富润屋，德润身

闵子骞刚开始向孔子学习时，脸色干枯，经过一段时期，才变得红润起来。子贡发现了他的这一变化，于是问道："最近你的脸色好象变得红润了，是什么缘故呢？"

子骞回答："我生长在鄙陋的村野，到老师门下受教。开始的时候，老师告诉我孝顺父母，教给我治理国家的方法，我心里觉得很喜欢。但是我到外面去，看到那些达官贵人坐在豪华的大车上，前后彩旗飘扬，衣着华美的官吏在后面跟随着，心里又很羡慕。这两种情绪在我心中激烈交战，所以脸色干枯。"

子贡点头。子骞接着说："到后来，我慢慢接受了老师说的道理，又跟各位同学在一块研讨，学问长进了，心里能够明辨是非了。现在再在外面看到豪华的车队，明白是怎么回事了，所以就跟看到泥人木偶一样无动于衷了。心里安定，德性充盈，脸上自然就红润起来了。"

正心修身章

《大学》原典

所谓修身在正其心者，身有所忿懥，则不得其正；有所恐惧，则不得其正；有所好乐，则不得其正；有所忧患，则不得其正。心不在焉，视而不见，听而不闻，食而不知其味。此谓修身在正其心。

译文　之所以说提高修养的前提在于调正此心，是因为：人如果对什么有所愤怒，心就无法端正；对什么有所恐惧，心也无法端正；对什么有所喜好，心也无法端正；对什么有所忧患，心也无法端正。心只有不粘著在具体的视听言动之上，从而看过也像没看过一样，听过也像没听过一样，吃过东西也像不知道是什么滋味一样，这才是通过端正己心来提高修养的秘诀。

《四书遇》原文

（朱子大学章句）右传之七章。释正心修身。

"正"字即《中庸》"中"字。喜怒哀乐，发而中节，如风过树，如月行空，依然还得个无体。朱子曰：四者，须从无处发出，不是寂寂的。无只是无过去、未来、现在之累，就使有而不有。最精。

人心原来至静，亦至动，如镜子随照随灭，故常照。若终日有个影子在镜上，便对面不受照矣。圣人之心惟无在，故无不在；常人之心有所在，故有不在。

"正"字、"诚"字，亦有用力、不用力之别。如物悬空，有碍则歪。正者，去其碍而已，不必更去把持着。

朋友圈纵横谈（▰ 为原文）

朱熹

> 这是《大学》的传文第七章，解释经文中"正心修身"的意思。
>
> 右传之七章。释正心修身。

张岱

> 本章"不得其正"的"正"字，意思即相当于《中庸》中的"中"字 @子思。喜怒哀乐的各种情感，表达出来都适中而有所节制，如清风过树，如明月行空，过后不留下任何痕迹。@朱熹先生说：喜怒哀乐这四种情感，虽然必须从无形无相处发出来的，但无形无相之处又不是寂然不动的。无形无相只是说没有过去、未来、现在的牵累，能使情感表达出来但又并非实有不变。这个说法最为精辟。
>
> ▰ "正"字即《中庸》"中"字。喜怒哀乐，发而中节，如风过树，如月行空，依然还得个无体。朱子曰：四者，须从无处发出，不是寂寂的。无只是无过去、未来、见在之累，就使有而不有。最精。

♡ 子思　朱熹

张岱

　　人心原本为是最安静，同时又是最活跃的，就如同镜子对事物随照随灭，才能一直照见不同事物。如果有个影子整天都留在镜子里，那么再有别的东西出现在它前面，它就照不出来了。正因为圣人的心不执着在任何一个事物上，所以能够无所不在；普通人的心常粘着在某一个事物上，无法处理其它事物，而有所不在。

　　▌人心原来至静，亦至动，如镜子随照随灭，故常照。若终日有个影子在镜上，便对面不受照矣。圣人之心惟无在，故无不在；常人之心有所在，故有不在。

张岱

　　《大学》八条目中的"正心"和"诚意"工夫，也有用力和不用力的区别。好比一个东西悬在空中，一有挂碍就会歪。正，就是去掉它的挂碍，而不需要一直用手去扶持着它。

　　▌"正"字、"诚"字，亦有用力、不用力之别。如物悬空，有碍则歪。正者，去其碍而已，不必更去把持着。

· 小掌故 ·

襄子赛马

赵襄子向王子期学习驾车技术。学了没多久就要跟王子期驾车赛马,赛马之时他多次改换马匹,可是多次都落在王子期后边。

襄子说:"你教我驾车的技术,一定没有完全教给我。"

王子期回答道:"我已经把技术毫无保留地全都教给您了,只是您在运用的时候有问题。不管驾驶什么车辆,最重要的是马要跟车辆配合稳妥,人的心意要跟马的动作协调,这样才可以加快速度达到目的。"

襄子点头。王子期又说:"可是刚才你在我后面时,一门心思只想追上我;你在我前面时,一门心思怕我追上来。其实驾驭马匹长途竞争,不是在前面就是落在后面。而你在前、在后心思都集中于超前和落后上,还能与马匹协调一致吗?这就是你落在后边的原因了。"

齐家章

《大学》原典

所谓齐其家在修其身者：人之其所亲爱而辟焉，之其所贱恶而辟焉，之其所畏敬而辟焉，之其所哀矜而辟焉，之其所敖惰而辟焉。故好而知其恶，恶而知其美者，天下鲜矣！故谚有之曰："人莫知其子之恶，莫知其苗之硕。"此谓身不修不可以齐其家。

译文　说管理好家庭的前提在于提高自身修养，是因为：人对亲近的人常有偏爱，对鄙视厌恶的人常有偏恨，对敬畏的人常有偏信，对怜悯的人常有偏护，对简慢的人往往有偏见。因此，能喜爱某人又看到他的缺点，厌恶某人又看到那人的优点，这样的人天下少见。所以谚语说："人都不知自己的孩子坏，人都不嫌自己的庄稼壮。"这就是不提高自身修养则不能管理好家庭的道理。

《四书遇》原文

（朱子大学章句）右传之八章。释修身齐家。

《大学》言齐家，皆于不齐中求齐。若截然一样，美丑不分，漫说聋哑为家公，非圣人之旨。如佛言山河大地，应作山河大地观，是谓平等。"此谓身不修，不可以齐其家。"齐其家与家不齐有别，家不齐，便落身一层；齐其家，便是身里面事。

徐子卿曰：且缘"辟"，所以好恶尽差，把一家之内，纷如乱丝，故谚有之曰："人莫知其子之恶，莫知其苗之硕"，分明是个家不齐的影子。详味下面"此谓身不修，不可以齐其家"两句，与别处不同，意义自见。

朋友圈纵横谈（▉为原文）

朱熹

> 这是《大学》的传文第八章，解释经文中"修身齐家"的意思。
>
> ▉右传之八章。释修身齐家。

张岱

《大学》说到管理家庭，都是在差别中做到平等对待。如果同等对待，美丑不分，就像 @唐代宗曾经告诉 @郭子仪说的"不痴不聋，不作家公"，那不是圣人教给我们管好家庭的道理。比如 @佛陀说山河大地，我们就应该看到山河大地的差别相，这才是所谓的真平等。"此谓身不修，不可以齐其家。"管理好家庭与家庭没管理好，是有区别的，后者是忽略了自身这一层；而管理好家庭，本来就是自身应该做的。

▉《大学》言齐家，皆于不齐中求齐。若截然一样，美丑不分，漫说聋哑为家公，非圣人之旨。如佛言山河大地，应作山河大地观，是谓平等。"此谓身不修，不可以齐其家。"齐其家与家不齐有别，家不齐，便落身一层；齐其家，便是身里面事。

♡ 佛陀　郭子仪

徐子卿

　　就是因为对不同的人偏向不同,所以才会错用好恶的情感,把家庭内的关系弄得乱七八糟,所以谚语说:"人人都不知道自己孩子的坏,都不嫌自己庄稼的壮。"这分明就是个管理不好家庭的苗头。仔细体味下面"此谓身不修,不可以齐其家"两句话,和别处的表达不同,也就明白它真正的意思了。

　　且缘"辟",所以好恶尽差,把一家之内,纷如乱丝,故谚有之曰:"人莫知其子之恶,莫知其苗之硕",分明是个家不齐的影子。详味下面"此谓身不修,不可以齐其家"两句,与别处不同,意义自见。

　♡ 张岱

· 小掌故 ·

孟献囚子

春秋时，鲁国的季文子担任上卿，掌握国家的军政大权。他虽然有田邑作为世禄，但是妻子儿女却没有一个人穿绸缎衣裳，家里的马匹也只喂青草不喂粟米，所以都比较瘦。

大臣孟献子的儿子仲孙看不起季文子的做法，有一次问他："你身为鲁国的上卿大夫，妻子不穿丝绸衣服，马匹不用粟米饲养。难道你不怕百官耻笑你吝啬吗？不怕与诸侯交往时影响鲁国声誉吗？"

季文子回答："我当然也愿意穿绸衣骑良马，可是国内百姓吃粗粮穿破衣的还很多，我不能让百姓粗饭破衣，而我家里的人却锦衣玉食。我听说，官员品德高尚才是国家的最大荣誉，没听说过炫耀自己的美妾良马会给国家争光。"

一个偶然的机会，孟献子听季文子说了这件事，马上回家把儿子仲孙幽禁了7天。仲孙受到管教，改过前非，妻妾从此也只穿粗布衣服，也只用秕草喂马。季文子知道以后说："有错误而能改正，是人中之俊杰啊。"不久，他推荐仲孙担任了上大夫。

治国章

《大学》原典

所谓治国必先齐其家者,其家不可教而能教人者,无之。故君子不出家而成教于国:孝者,所以事君也;悌者,所以事长也;慈者,所以使众也。康诰曰"如保赤子",心诚求之,虽不中,不远矣。未有学养子而后嫁者也!

一家仁,一国兴仁;一家让,一国兴让;一人贪戾,一国作乱;其机如此。此谓一言偾事,一人定国。尧舜帅天下以仁,而民从之;桀纣帅天下以暴,而民从之;其所令反其所好,而民不从。是故君子有诸己而后求诸人,无诸己而后非诸人。所藏乎身不恕,而能喻诸人者,未之有也。故治国在齐其家。

诗云:"桃之夭夭,其叶蓁蓁;之子于归,宜其家人。"宜其家人,而后可以教国人。诗云:"宜兄宜弟。"宜兄宜弟,而后可以教国人。诗云:"其仪不忒,正是四国。"其为父子兄弟足法,而后民法之也。此谓治国在齐其家。

译文 之所以说治理好国家的前提在于管理好家庭,是因为:如果连自己家人都没教育好却能教育好别人的,是没有的事。所以君子不出家门,就已经能影响教化一国。孝顺父母,可以延展为侍奉国君的方式;尊敬兄长,可以推展为协助上级的方式;慈爱子女,可以推广为调动民众的方式。《尚书·康诰》说:"(保护民众)就要像保护初生的婴儿一样。"诚心诚意地去学习这种方法，虽然不能完全掌握，但一定也距离不远了。世上没有一个女人是先学会养育孩子，然后才出嫁的啊！

一个家庭充满仁爱，也就会影响一个国家盛行仁爱；一个家庭内彼此谦让，就会影响一个国家的人互相谦让；一人贪利暴戾，就会影响一国的人作起乱来。国家的运作机制就是如此！这就是所谓一句话可以坏事，一个人可以安定国家。尧舜用仁爱治理天下，百姓就跟着仁爱相亲；桀纣用凶暴统治天下，百姓就跟着凶暴互争。统治者的命令如果与自己的真实想法相反，百姓就不会服从。所以，君子总是自己先做到，然后才要求别人也做到；自己先没有某种缺点，然后才批评别人。不采取这种推己及人的恕道，而按自己的想法引导别人去做，是不可能的。所以想要治理好国家，必须先管理好家庭。

《诗经》说："桃花艳美，树叶茂密，姑娘出嫁了，让全家人都和睦。"让全家人都和睦，然后才能影响一国的人都和睦。《诗经》说："兄弟和睦。"兄弟和睦了，然后才能够影响一国的人都和睦。《诗经》说："仪表堂堂，成为周围之国的表率。"当一个人无论是作为父亲、儿子或者兄弟都值得别人效法时，大家才会去效法他。这就是要治理国家的关键在于管理好家庭的道理。

《四书遇》原文

（朱子大学章句）右传之九章，释齐家治国。

闭户造车，出门合辙，可想"不出家"之妙。

"成教"最难言之而成文，行之而可远。常想家居欲有所示子侄，令童仆顾已所未至，不觉口中愧缩，以知"成教"在教所不露处。

张受先曰："事君""事长""使众"，只就君子一边说，不可着民言。我能"孝""弟""慈"，则"事君""事长""使众"道理便已在此，不待外求也。时文泛引移孝作忠等语，非是。

仁字当从尧舜处家庭说，方合章旨。今人竟说如天好生等语，泛甚。

此章言"机"，《平天下》言"矩"。执矩而运，言其均，握机而发，言其速。

徐子卿曰：见作者把"心诚求之""诚"字，说得恁底真切，不知子母处还着得这些否？阳燧取火于日，方诸取水于月。求之而得，是何究竟？

《四书遇》导读

朋友圈纵横谈（▮为原文）

朱熹

> 这是《大学》的传文第九章，解释经文中"治国"的意思。
>
> ▮ 右传之九章，释齐家治国。

张岱

> 在家里闭门造车，到外边使用起来却能和路上的车辙完全吻合，由此可以想见"不出家门却可以教化一国"的奥妙。
>
> 教化最难的地方在于：言之成文而且能够向远方传播。在家时，经常是想要教育一下小辈子侄或者谕令家仆书童，但是一想到自己还没有做好，就不觉着愧畏缩而说不出口，由此可知真正的教育，恰恰在教育无法展露的地方。
>
> ▮ 闭户造车，出门合辙，可想"不出家"之妙。
> "成教"最难言之而成文，行之而可远。常想家居欲有所示子侄，令童仆顾己所未至，不觉口中愧缩，以知"成教"在教所不露处。

张受先

　　服事君主、尊长和差遣众人，是只就君子这方面来说的，而不是对普通民众而言的。我在家孝敬父母、关爱兄弟和慈爱子女，那么服事君主、尊长和差遣众人的方法便已蕴含其中了，不需要再向外学习了。科考应试的文章中，经常浮泛地引用所谓"移孝作忠"等话头，很有问题。

　　"事君""事长""使众"，只就君子一边说，不可着民言。我能"孝""弟""慈"，则"事君""事长""使众"道理便已在此，不待外求也。时文泛引移孝作忠等语，非是。

♡ 张岱

张岱

　　"仁"字本来应该从尧舜处理家庭关系方面来说，才和本章的宗旨吻合。但是现在有人竟然用"上天有好生之德"等话来证明，太浮浅了！

　　本章解释治国"其机如此"讲的是"机"，而在下一章《絜矩章》解释平天下时，所讲的是"矩"。执矩而运——按着法度来执行，着重在均平；握机而发——把握机会而行动，着重在快速。

> 仁字当从尧舜处家庭说，方合章旨。今人竟说如天好生等语，泛甚。
>
> 此章言"机"，《平天下》言"矩"。执矩而运，言其均，握机而发，言其速。

♡ 尧帝　舜帝

徐子卿

> 作者把"心诚求之"的"诚"字，说得如此真切，不知母子之间是不是还用得上"诚求"？就好比用阳燧这种工具聚光取火于太阳，用铜盘这种工具聚露取水于月亮，也能得到火和水。这种自然而然的得到，是什么原因呢？
>
> 见作者把"心诚求之""诚"字，说得恁底真切，不知子母处还着得这些否？阳燧取火于日，方诸取水于月。求之而得，是何究竟？

·小掌故·
宋君自省

春秋时，宋国遭遇洪灾，处于上游的鲁国国君派使者前来慰问说："天上的大雨下个不停，洪水灾害很深重，连累到下游的你们，影响了你们的生活，国君派我来慰问。"

宋国国君说："发生这样的灾害，主要是因为我没有仁德，以前没有做好斋戒和祭祀，役用民力没有避开农时，违背了时节。这是上天给我的惩罚，又使你们国君为我担忧，我真是太惭愧了！"

孔子听说这件事情以后，对弟子们说："宋国国君做得好，已经接近大道了。"

有弟子问："为什么这么说呢？"

孔子说："以前桀纣从不承认和改正自己的错误，结果很快就灭亡了。成汤和文王时刻检讨自己的不足加以改正，国家就兴旺发达了。错了能改，就不算过错了。"

絜矩章

《大学》原典

所谓平天下在治其国者：上老老而民兴孝，上长长而民兴弟，上恤孤而民不倍，是以君子有絜矩之道也。

所恶于上，毋以使下；所恶于下，毋以事上；所恶于前，毋以先后；所恶于后，毋以从前；所恶于右，毋以交于左；所恶于左，毋以交于右：此之谓絜矩之道。

诗云："乐只君子，民之父母。"民之所好好之，民之所恶恶之，此之谓民之父母。诗云："节彼南山，维石岩岩，赫赫师尹，民具尔瞻。"有国者不可以不慎，辟则为天下僇矣。诗云："殷之未丧师，克配上帝，仪监于殷，峻命不易。"道得众则得国，失众则失国。

是故君子先慎乎德。有德此有人，有人此有土，有土此有财，有财此有用。德者本也，财者末也，外本内末，争民施夺。是故财聚则民散，财散则民聚。是故言悖而出者，亦悖而入；货悖而入者，亦悖而出。

康诰曰："惟命不于常！"道善则得之，不善则失之矣。楚书曰："楚国无以为宝，惟善以为宝。"舅犯曰："亡人无以为宝，仁亲以为宝。"秦誓曰："若有一个臣，断断兮无他技，其心休休焉，其如有容焉。人之有技，若己有之，人之彦圣，其心好之，不啻若自其口出。寔能容之，以能保我子孙黎民，尚亦有利哉。人之有技，媢疾以恶之，人之彦圣，而违之俾不通，寔不能容，以不能保我子孙黎民，亦曰殆哉。"唯仁人放流之，迸诸四夷，不与同中国。此谓唯仁人为能爱人，能恶人。见贤而不能举，举而不能先，命也；见不善而不能退，退而不能远，过也。好人之所恶，恶人之所好，是谓拂人之性，菑必逮夫身。是故君子有大道，必忠信以得之，骄泰以失之。

生财有大道，生之者众，食之者寡，为之者疾，用之者舒，则财恒足矣。仁者以财发身，不仁者以身发财。未有上好仁而下不好义者也，未有好义其事不终者也，未有府库财非其财者也。孟献子曰："畜马乘不察于鸡豚，伐冰之家不畜牛羊，百乘之家不畜聚敛之臣，与其有聚敛之臣，宁有盗臣。"此谓国不以利为利，以义为利也。长国家而务财用者，必自小人矣。彼为善之，小人之使为国家，菑害并至。虽有善者，亦无如之何矣！此谓国不以利为利，以义为利也。

译文 之所以说让天下太平的前提是治理好国家，是因为：上面的人尊敬老人，普通民众就会孝敬自己的父母；上面的人敬重尊长，民众就会兴起尊重兄长；上面的人怜恤孤幼，民众也会跟着去做。所以，君子总是实行以身作则的"絜矩之道"。

如果你自己厌恶上级的某种行为，就不要用来对待下属；自己厌恶下属的某种行为，就不要用来对待上级。如果自己厌恶你前面的人的某种行为，就不要用来去对待后面的。自己厌恶后面的人的某种行为，就不要用来去对待前面的。自己厌恶右边的某种行为，就不要用来去对待左边。自己厌恶左边的某种行为，就不要用来去对待右边。这就叫做"絜矩之道"。

《诗·小雅·南山有台》说："让人心悦诚服的君子啊，是民众的父母。"民众喜欢的，他也喜欢；民众厌恶的，他也厌恶。这就叫做民众的父母。《诗·小雅·节南山》又说："巍峨的南山啊，岩石耸立。那显赫的尹太师，民众都在瞧着你。"统治国家的人不可不慎，如有偏差，就会被天下人推翻。《诗·大雅·文王》又说："殷商没有丧失民心的时候，也能符合上天的要求。要把殷商的灭亡作为鉴戒呀！守住天命并不容易！"这是说，得到民心就能得到国家；失去民心，就会失去国家。

所以君子首先注重修养自己的德操。有了美德才能有人支持，有人支持才能保有土地，有土地才能创造财富，有财富才能安排使用。美德为本，财富为末；如果轻视本而重视末，就会与民争利。所以，君主从天下聚敛财富，就会失散民心；君主与天下分享财富，就会归聚民心。这就好比你毫无道理地责备别人，对方也会用不讲理的话来回敬你；财物来路不明不白，到头也会不明不白地失去。

《尚书·康诰》说："天命不是永久不变的。"就是说，行善就能得到天命，行不善就会失去天命。《国语·楚语》说："楚国没有什么宝贝，只把善当做宝贝。"晋文公的舅舅子犯说："流亡的人没有什么宝贝，只有把爱亲之心当做宝贝。"

《尚书·秦誓》说："如果有一位大臣，忠诚老实，虽没有特别的本领，但他心地宽厚，能够包容别人。人家有本领，就好像自己有一样；别人德才兼备，他心悦诚服，不仅是口头上赞扬，而且从心眼里赞赏。这样的人，是可以保护我的子孙和黎民百姓的，是能造福于他们的。相反，如果看到别人有本领，他就嫉妒讨厌；别人德才兼备，他就排斥打压，无论如何不能相容。这种人不能够保护我的子孙和黎民百姓，而且是很危险的！"因此，有仁德的领导者遇到这种人，一定要把他放逐到边远的四夷之地，不让他住在京城。这就是说，只有仁者真正做到爱憎分明。如果看见贤人却不选拔，即使选拔了却不能重用，就是怠慢；如果看见不好的人却不能罢免，即使罢免了也不能把他赶得远远的，就有过错。一个人喜爱人们所厌恶的，厌恶人们所喜爱的，就违背了人的本性，灾祸就一定会降到他身上。所以，君子治国的常理大道是：忠诚老实才能有所得；骄恣放纵，则一定有所失。

创造财富有一个大原则：创造的人多，消费的人少；创造的人勤奋，而消费的人节约。只有这样，财富才会经常是充足的。仁爱之人借助财富来安身立命，不仁之人则费尽身心去聚敛财富。没有在上者爱行仁义，而在下者却不乐于公义的；也没有乐于公义而做事却半途而废的；也没有民众不把国家公库中的财富当成自己的财富来爱惜的。孟献子说："有四马拉车身份的士大夫之家，就不该去计较那些养鸡养猪的小事儿；能够凿冰用于丧祭的卿大夫之家，就不该饲养牛羊；拥有百辆兵车的诸侯，就不该任用那些只知聚敛财富的家臣。与其任用这种聚敛财富的家臣，还不如直接任用从府库偷钱的家臣。"这就是说，国家不要把财货看做最高利益，而要把仁义作为最高利益。做了国君却一心聚敛财富，必定是受了小人的影响。国君以为这些小人是好人，让小人去管理国家事务，结果天灾人祸一齐降临。即使国中有善士贤才，也无力回天了！所以，国家不要把财货看成最高利益，而要把仁义作为最高利益啊！

《四书遇》原文

（朱子大学章句）右传之十章，释治国平天下。凡传十章：前四章统论纲领指趣，后六章细论条目功夫。其第五章乃明善之要，第六章乃诚身之本，在初学尤为当务之急，读者不可以其近而忽之也。

絜有广狭，而矩无加损，就如一条木尺，起造广厦大殿，其木尺不加长也。故絜矩者，不难在絜，难在矩。须要星星不差,寸寸不忒,是一条准尺,方才絜得。

"絜矩""矩"字,与经文"格物""格"字正正照应。持一准矩,便是物物之格式也。

程伯子曰:将身放在天地万物中,例看大小快活,此是絜矩之道。

财是天地生气,积之左藏,则成死货矣。文、景绳朽之藏,定出汉武;德宗琼林之聚,定有朱泚。汉武是富家败子,朱泚是刻剥家盗贼。盖生气堆垛不过,自寻活路走耳。臣子窥窃,人主竟不察,自家巧取多积何用?愚哉!

韩求仲曰:德为治平之本;财为治平之末。不是德为财本,财为德末。

徐子卿曰:如今人把"不于常"三字,改作"无常"两字,天命像个活落套子,可笑之极!

婴儿堕地,哭先于笑。故絜矩之道,不言好而止言恶者,以人之所恶,更真于所好也

卢玉溪曰:臣曰"一个",是挺然独立而无朋党之谓,此解深切时务。然《秦誓》原本则曰"一介臣",非"一个臣","介"字亦有孤立不倚之意,"柳下惠不以三公易其介",即此"介"也。

唐以残破之天下,用刘晏而富;宋以全盛之天下,用王安石而贫,何也?刘晏之术兼于用人;安石之术,专于生财也。故"生之者众"四句,全是以人生财。平天下章理财用人,

处处分说。此四句是合说。

尽天下老少长幼好恶之情，只此财用。凭他孩提稍长，与之钱则欣然而喜；夺之则啼。所以平天下一章当重财用。

韩求仲云：伐冰是得以自命命之，凌人其秩更隆，非用冰之家也。

《大学》经文末节，便下"治""乱"二字，极有关系。传之末节，极言小人专利之害，两提国家，最为儆切。德为本，财为末，外本内末，以身发财则本乱矣。《易》云："开国承家，小人勿用。"象曰："小人勿用，必乱邦也。"

杨复所曰：有诸己，无诸己，只论存之于心。如此言，必有诸己，而后可求诸人，不然，何以求人？必无诸己，而后可非诸人，不然，何以非人？盖只求有诸己、无诸己，非真欲求诸人、非诸人也，所以下文曰："藏乎身。"不然，有诸己，而真去求人，无诸己，而真去非人，露亦极矣，刻亦极矣，何以为"藏"，何以为"恕"也。

《大学》自诚意时，便提出好恶二字，到得平天下，只是个好民好恶民恶而已。中间正心、修身、齐家、治国，皆以好恶发之，彻头彻尾、无显无微，总此一事。孟子论夜气曰：好恶与人相近，箕子陈畴以无作好，无作恶，为王道锡民之极。

朋友圈纵横谈（▆为原文）

朱熹

这是《大学》的传文第十章，解释经文中"平天下"的意思。十章传文，前四章总论纲领旨趣，后六章细论条目功夫。其中第五章是《中庸》所说的"明善"（察明本心之善）的关键，第六章是立身以诚的根本，对于初学者来说尤其是当务之急，读《大学》时不要因为它们内容浅近而忽略了。

▆ 右传之十章，释治国平天下。凡传十章：前四章统论纲领指趣，后六章细论条目功夫。其第五章乃明善之要，第六章乃诚身之本，在初学尤为当务之急，读者不可以其近而忽之也。

张岱

要衡量的东西宽窄不同，可是衡量的准则却没有增减。就好比一条木尺，即使是用于建造高楼大厦，木尺也不须增长。但凡用准则衡量事物，不难在衡量上，而难在确立准则上。准则必须要像一把精准的尺，每个刻度都不差，前后每一寸都一模一样，才能用来衡量。

"絜矩"的"矩"字，与《大学》经文中"格物"的"格"字正相照应。坚持一个精确的准则，也就有了衡量控制所有事物的标准。

📖 絜有广狭，而矩无加损，就如一条木尺，起造广厦大殿，其木尺不加长也。故絜矩者，不难在絜，难在矩。须要星星不差，寸寸不忒，是一条准尺，方才絜得。

"絜矩""矩"字，与经文"格物""格"字正相照应。持一准矩，便是物物之格式也。

程伯子

把自身置于天地万物之中，据以观察万物的大小快活，这也就是"絜矩"之道。

📖 将身放在天地万物中，例看大小快活，此是絜矩之道。

♡ 张岱 程颐

张岱

财富是天地间流动的生机，如果都聚集到国库中去，就变成没有活力的死货。汉代文景之治聚集大量财富，国库中穿钱的绳子都朽断了，注定了后世要出现一个穷兵黩武的 @汉武帝； @唐德宗建立库房贮藏从人民手中聚敛的财物，注定会要出现劫掠的 @朱泚叛军。汉武帝好比是富户的败家子，朱泚则好比是刻薄之家招来的盗贼。估计是本应流动的财富忍受不了堆集积压，要自寻活路跑掉吧？臣子们觊觎盗窃国库财富，国君竟然不能察觉，当初他巧取豪夺，积累这么多财富又有什么用呢？真是愚昧到家了！

▇ 财是天地生气，积之左藏，则成死货矣。文、景绳朽之藏，定出汉武；德宗琼林之聚，定有朱泚。汉武是富家败子，朱泚是刻剥家盗贼。盖生气堆垛不过，自寻活路走耳。臣子窥窃，人主竟不察，自家巧取多积何用？愚哉！

♡ 汉文帝　汉景帝　唐德宗

韩求仲

美德是治国平天下之本，财富是治国平天下之末。所以二者是以治国平天下为体而分本末，德并不是创造财富之本，财也不是美德之末。

▇ 德为治平之本；财为治平之末。不是德为财本，财为德末。

♡ 张岱

徐子卿

如今有人把本章的"不于常"三个字，改成"无常"两个字，这就把天命当成了个随意改变的活络外壳，实在是太可笑了！

▇ 如今人把"不于常"三字，改作"无常"两字，天命象个活落套子，可笑之极！

张岱

孩子出生时，先会哭才会笑。所以"絜矩"之道，不说人所喜欢的而只说厌恶的，因为人所厌恶的东西，比所喜欢的更为真切。

■ 婴儿堕地，哭先于笑。故絜矩之道，不言好而止言恶者，以人之所恶，更真于所好也。

卢玉溪

本章说大臣时，量词用"一个"，表示挺然独立而没有朋党的意思。这种解释可以说很贴近当下的时局。但是《尚书·秦誓》的原本则用的是"一介臣"，而非"一个臣"，"介"字也有独立而无所倚托的意思，"柳下惠不以三公易其介"中的"介"，也正是这个意思。

■ 臣曰"一个"，是挺然独立而无朋党之谓，此解深切时务。然《秦誓》原本则曰"一介臣"，非"一个臣"，"介"字亦有孤立不倚之意，"柳下惠不以三公易其介"，即此"介"也。

♡ 柳下惠　张岱

张岱

　　唐朝经历安史之乱后，天下残败破烂，只任用了一个 @刘晏就又变得富有；北宋数代积累而强大兴盛，只任用了一个 @王安石就变得捉襟见肘，为什么呢？这是因为刘晏的治理方法兼顾了用人，而王安石则专注于增加财富。所以说"生之者众"四句，全是说以人生财。"平天下"这一章谈理财和用人，每一处都是分别说，只有这四句是把二者合在一起说。

　　■ 唐以残破之天下，用刘晏而富；宋以全盛之天下，用王安石而贫，何也？刘晏之术兼于用人；安石之术，专于生财也。故"生之者众"四句，全是以人生财。平天下章理财用人，处处分说。此四句是合说。

♡ 刘晏　王安石

张岱

　　要想尽量满足天下男女老少的好恶之情，只要用好国库中的财富即可。就算是小孩子刚刚懂事，你给他钱他就喜形于色，把钱拿走他就会哭闹。所以"平天下"一章重视财富。

　　■ 尽天下老少长幼好恶之情，只此财用。凭他孩提稍长，与之钱则欣然而喜；夺之则啼。所以平天下一章当重财用。

韩求仲

"伐冰之家不畜牛羊"中的"伐冰之家",是指那些身当国家礼籍策命的贵族,而掌管采冰的官员职位即便再高,也不是用冰的贵族。

▌伐冰是得以自命命之,凌人其秩更隆,非用冰之家也。

张岱

《大学》的经文最末尾一节,已经写了"治""乱"两字,这是很关键的。传文的最后一章,竭力说明小人专利的危害,两次提到国家,可以说最为审慎和切实。美德为本,财富为末,外本内末,如果牺牲身心去发财就是本末倒置了。《周易》中说:"无论是创立国家还是继承家业,都不要任用小人。"象辞说:"不要任用小人,否则一定会使国家混乱。"

▌《大学》经文末节,便下"治""乱"二字,极有关系。传之末节,极言小人专利之害,两提国家,最为微切。德为本,财为末,外本内末,以身发财则本乱矣。《易》云:"开国承家,小人勿用。"象曰:"小人勿用,必乱邦也。"

♡ 孔子　周文王

杨复所

自己是否具备某种美德、是否没有某种缺点，只消问一下自己的心就知道了。所以，我们一定要自己具备了某种美德，才能去要求别人，否则凭什么要求别人呢？一定要自己没有某种缺点，而后才可以批评别人，不然，凭什么批评别人呢？所以终归是只要求自己有美德、无缺失，并非真的去要求或批评别人。所以下文说："归藏于身。"不然的话，自己有某种美德，就真去要求别人；没有某种缺点，就真去批评别人，不仅是过度表现，而且是极其苛刻。这就是不明白什么是"藏"、什么是"恕"了。

▌有诸己，无诸己，只论存之于心。如此言，必有诸己，而后可求诸人，不然，何以求人？必无诸己，而后可非诸人，不然，何以非人？盖只求有诸己、无诸己，非真欲求诸人、非诸人也，所以下文曰："藏乎身。"不然，有诸己，而真去求人，无诸己，而真去非人，露亦极矣，刻亦极矣，何以为"藏"，何以为"恕"也。

♡ 张岱

张岱

　　《大学》自讲诚意开始，便提出喜好和厌恶这两种情感，到了"平天下"一章，就只说了个好恶要与人民相同。中间的正心、修身、齐家、治国，都是从喜好和厌恶发展而来，彻头彻尾无论大小只是一回事儿。 @孟子在谈到"夜气"时说：君主的好恶与人相近。而贤臣 @箕子与 @周武王谈论治国之道时指出，夏禹所制定的洪范九畴——君主需要遵循的9条大法——包括有这样的内容：不要表现出偏好，也不要表现出厌恶，这才是仁义的政治家送给人民的最好礼物。

　　▰《大学》自诚意时，便提出好恶二字，到得平天下，只是个好民好、恶民恶而已。中间正心、修身、齐家、治国，皆以好恶发之，彻头彻尾无显无微总此一事。孟子论夜气曰：好恶与人相近，箕子陈畴以无作好，无作恶，为王道锡民之极。

♡　周武王　箕子　孟子

· 小掌故 ·

拔葵去织

鲁国宰相公仪休,有一次回到家中,发现自己的夫人正在织布。宰相夫人亲自织布,应该算是勤俭持家的模范了。可是公仪休认为,夫人织布会让别的官员家效仿,是与织布女争利,和夫人大吵了一架。

过了不久,他在家吃饭的时候,随意就问起葵菜的价格。葵菜在当时是一种很普遍的蔬菜,类似于现在的大白菜。家人回答说,大人您吃的这个葵菜不要钱,因是自家菜园里种的。他当即就生了气:"我们已经拿了国家的俸禄,还要自己种菜,这不是和菜农争利吗?"

吃完饭,他亲自跑到菜园里,把葵菜都拔掉了。